JN255033

経営トップから始まる「組織開発」

組織は変われるか

加藤雅則

英治出版

はじめに

組織開発のコンサルティングをしている私のところに、高業績にわく企業からの相談が相次ぐと、こう自問せずにはいられない。

「業績は一流なのに、組織は二流だというのか？」

実際にお話をうかがうと、ここ数年、事業はうまくいっているが、退職者や休職者の増加に歯止めがかからないという。従業員の意識調査をおこなうと、組織の健全性や職場の活性度は、低下の一途をたどっているようだ。

要因のひとつは、組織の疲弊だろう。多忙感や不安感と言い換えてもいい。事業が軌道に乗っているから仕事は山ほどある。だが、それによる多忙感が、やりがいではなく、不安や不信を引き起こしている。

「この会社にいて大丈夫なんだろうか？」
「働く喜びをもっと感じたい」

こういう声を、現場の方々にお会いしたとき、よく耳にする。

彼らの何人かは多忙感と不安感に耐えられなくなり、会社を去る。これが意味するのは、競争力の衰退だ。事業を創り、動かす人材の流出は、企業にとって死活問題といえよう。しかし、事業がうまくまわっているので問題は先送りされてしまう。短期的に見れば、それほど重要ではないように見えるが、長期的に見ると、きわめて深刻だというのが組織問題の厄介な点だ。

退職者が増えている。士気が落ちている。そうした事実があっても、なかなか腰があがらない。だが一部の会社は、組織の疲弊が自社にもたらす巨大な影響に気づいている。あるＣＥＯは、こう語った。

「戦略と組織。この二つを振り子のように動かす。極端に戦略に振れてしまったときは、組織に振りなおす。単純に見えるが、これこそ企業経営だと思う」

さて、あなたの会社の振り子は、いま、戦略に振り切っていないだろうか？

私はこれまで十七年にわたって、東証一部の上場企業からオーナー企業、売上高五〇〇億から二兆円規模の企業まで、さまざまな業種の経営者、役員、部長、課長、課員の方々とともに、さまざまな組織の課題に取り組んできた。

その経験から、この本で紹介する「組織開発」という考え方に行きついた。だが、書籍にまとめるまでの手ごたえを得たのは、実はここ五、六年のことである。そこへ至るまでに、振り返れば転機が三つあった。

研修は、なぜ繰り返されるのか――最初の転機

私は大学を卒業すると金融界でキャリアを積み、MBA留学を経て、環境NPOに転身。その後、浪人生活をしていたときに「コーアクティブ・コーチング」に出会う。これを日本に普及させる取り組みをしたのがきっかけで、事業会社での人材育成の仕事が増えていった。いわゆる研修である。

コーチングのスキルと、MBAの知識と、事業会社の経験があったことで、研修の評判は上々だった。依頼が次々と舞い込んだ。はじめは誇らしく感じていたが、ふと我に返ると、脳裏によぎるものがあった。

「研修のあと、現場はいったい、どうなっているんだろうか?」

これが最初の転機だった。研修の講師は基本的に、「研修で学んだことが、現場で実践されて

いるのか」「実践を阻む要因はないのか」といった事後フォローはおこなわない……いや、正確には、おこなえない。端的に言えば、講師はあくまで講師。組織のなかのことは組織がやる。それは正しい考えに思えた。だが研修を終えた数カ月後に、ふたたび同じ企業から、同じような研修を、同じような方々にやってほしいという依頼が来ると、さすがに首をひねってしまった。「研修の内容は、職場では実践されていないのか？」

研修と職場は別の世界だ。人は変わりたくても変われない。それに気づくのに、数年の歳月を要した。これはいったい、どういうことか。上司との関係や、その部署の仕事のやり方は、研修では十分に考慮されない。すると、研修で学んだことをいくら職場でやろうと思っても、上司や部署の流儀と合わなければ実践できない。ほとんどの場合、人事権を持つ上司の意向は絶対で、組織の和を乱さないことは組織人の作法だからだ。

そんなことも気づかなかったのか、と思われるかもしれない。確かに甘かった。気づくのに時間がかかったのは、私が日本企業と欧米企業の両方をクライアントにしていたことが大きいと思う。上司との関係（階層）を重視して、組織の和（合意）を尊重するのは日本企業に特有の文化だ。もちろん、欧米企業が日本と真逆で、「階層や合意形成をまったく考慮しない」わけではない。だが、本人の意欲とは別のところにある組織力学がこうも強烈に働くのは、日本企業に独特のものだ。このことは、ＩＮＳＥＡＤのエリン・メイヤー教授の調査でも示唆されている。つまり、「各層のコンセンサス」がなければ、日本企業の組織開発は無力なのである。

そんなことをやっていて、勝てるのか——第二の転機

個別階層の研修を繰り返しているかぎり、人は変わりたくても変われない。その気づきを得て取り組んだのが「研修を入り口とした組織開発」だ。部課長や幹部候補生が互いに対話し、自らのマネジメントを内省することが目的だった。多くの階層の管理職を集めることで、階層の壁をなくす。そして出る杭にならないよう、一人ひとりの合意をじっくりと得る。

これなら組織は変わることができる。そう思える確かな手ごたえもあった。だが、あるグローバル企業CEOの一言で、確信はもろくも崩れ去った。総勢四五〇人による対話型ワークショップを終えた部課長たちが、組織開発の可能性を意気揚々と発表した。

「組織のなかで、対話を繰り返していきましょう」

「働く人の感情を大切にしましょう。それが〈想いのマネジメント〉で……」

そのとき、CEOが口を開いた。

「なあ、君たち。そんなことをやっていて、ほんとに勝てるのか?」

部課長たちも、私も、黙りこむしかなかった。これが二つめの転機だ。

「各層のコンセンサス」を重視するという教訓を踏まえて、部課長をはじめとする現場の管理職の合意はつくった。だが、それは良くも悪くも現場視点だった。そこには経営視点が欠けていた。

つまり「きれいごと」に過ぎなかったわけだ。管理職や現場の活性度を高めることと、経営への貢献がつながっていない。そのCEOには、組織開発がさぞや生ぬるいものに見えていたことだろう。

四五〇人を動員した大規模プロジェクトに対するCEOからの一喝は、まさに劇薬だった。私は、これまでのやり方、前提を白紙に戻した。そして経営者の視点、経営者の葛藤を追い求め、経営者へのエグゼクティブ・コーチングに舵を切った。

もちろん、年下の部外者が、いきなり経営トップの知己を得られるわけではない。経営企画部や人事部を窓口に、トップ・インタビューの名目で、経営トップに対する実質的なコーチング・セッションを重ねていった。

次第に信頼を得ていくと、役員層へのコーチングも依頼されるようになった。そこで私が提案したのが「役員合宿」だ。年に数回、本社から郊外に場所を移し、私が進行役となって、会社の未来を語りあう。ファシリテーターの経験も積んでいたので役員合宿は好評を博し、そこから二つの動きが生まれた。ひとつは、合宿で浮かびあがった経営課題を部課長クラスに渡して解決を図る「部課長支援ワークショップ」。もうひとつが、次世代の幹部候補に経営課題に取り組んでもらう「経営人材ワークショップ」。

そして見えてきたのが、エグゼクティブ・コーチング、役員合宿、部課長支援ワークショップおよび経営人材ワークショップという一連の流れである。すなわち、「経営トップから始める」という組織開発の全体観だった。

「自分の問題」になっているか——第三の転機

エグゼクティブ・コーチング（経営トップ）から始める組織開発は、途切れることのない連続的なアプローチだ。経営トップから役員、現場の管理職から若手幹部まで巻き込む。また、ある会社では、中期経営計画と同期するかたちで組織開発のプロジェクトが立ち上がった。すると否が応でも組織は動く……だが組織開発は甘くなかった。

一連の流れを終えるまで、少なくとも一年はかかる。全社の組織開発は大がかりだ。基本的に、私はすべてのプロセスに立ちあい、コーチングやファシリテーションなど、持てるすべてを出し尽くす。経営トップや現場の人間もそれに応えていく。だが、やがて私はお役御免となる。現場からは離れがたいが、外部者としての役割にも、組織開発の予算にも限度がある。その後は経営企画部や人事部から編成される「事務局」が組織開発の推進者となり、私は数カ月に一度、彼らのもとを訪れるアドバイザー的な立場に落ち着く。

それから半年ほど過ぎたところで、「組織開発が甘くない」ことを痛感するのだ。はじめは五～六名だった事務局のメンバーが、会社を訪れるたびに少なくなっていき、半年後には実働一～二名になってしまう。明らかな予算削減である。一年がかりで進めたプロジェクトが、たった半年で求心力を失ってしまう。これが三つめの転機だ。

求心力を失った原因は、実は私にあったのだ。私がいなくなったとたん、「自分の問題」として組織開発に本気で向きあう人がいなくなり、燃えあがった火が灰となってしまった。あらゆる場面で私が前面に出てしまったことで、私がいなければ動かないプロジェクトになってしまったのだ。

人間は弱い生き物である。居心地の悪い「変化」よりも、居心地の良い「現状」を選ぶ。それではいけないと自分と他者を鼓舞し、組織を変化に適応させるには、当事者としての並々ならぬ意識が要求される。その当事者意識を持つ人間が「私」であるかぎり、組織開発は、その会社にとって単なるブームで終わってしまう。外部者である私が成すべき役割は、前に出張ることではなく、健全な危機意識と未来への責任感に燃える「事務局」をいかに支えるかだ。すなわち、組織開発の肝は「当事者主体」以外にありえない。

健全な危機意識を抱く有志たちへ

「各層のコンセンサス」
「経営トップから始める」
「当事者主体」

この三つの転機は、そのまま組織開発の原則と重なる。なかでも重要なのは「当事者主体」である。

「このままで、うちの会社は大丈夫なのか？」
「自分が何とかしなくては……」

本書は、そうした健全な危機意識と未来への責任感を抱く、三十～四十代の有志に向けて書いた。組織開発を始めるのは、あなたたちだ。経営トップ、役員、各部門の長たちを動かすのは、あなたたちしかいない。大それたことに思えるかもしれないが、私が知っている組織開発の実践企業は、若手・中堅世代がシニア層と互角に渡りあっている。

組織開発を推進する有志たちのことを、本書では「事務局」と呼ぶ（現場でもこの言い方が多い）。その事務局の目線で組織開発のリアリティを伝えることを、本書では特に重視した。読者が自分の会社と重ねあわせながら読み進められるように、私の実体験に基づく、組織開発で生まれやすい障壁や葛藤、好機や成果を随所に盛り込んだ。

さらに、約一年におよぶ組織開発のプロジェクトを追体験できるよう、事務局を主人公とした組織開発のストーリーを用意した。事務局が、組織コンサルタント、社長、役員、部長の順番で対話を重ね、「各層のコンセンサス」「経営トップから始める」「当事者主体」という組織開発の三原則をしっかり押さえていく。その結果、社内に組織開発の機運が醸成され、現場での変化が少しずつ生まれるという展開だ。

組織開発を実践しようとしている人にとって、普遍性と再現性のある内容になるよう努めた。だが本書で紹介する手順や手法は、あくまで現時点での私のやり方であり、これが唯一の正解だとは思っていない。会社によっては、他の本に出てくる手順や手法のほうが向いているかもしれない。本書をきっかけに、組織開発の実践について、ぜひあなた自身で探求してほしい。

また、本書では「組織開発とは何か」を厳密には定義していない。読み進めるなかで、あなたの体験と照らしあわせながら、あなた自身の言葉で定義してほしい。まさにそれが、組織開発を始めるあなたの第一歩となるだろう。

組織は変われるか

目次

第1章 事務局はまず何をすべきか

組織コンサルタントとの対話

第2章

経営トップはどうすれば本気になるか

社長との対話

第3章 変革の機運はどうやってつくるか

役員との対話

第4章 現場のアクションにいかにつなげるか

部長との対話

第5章 組織開発はどうすれば自走するか

自分との対話

組織コンサルタントとの対話

第1章 事務局はまず何をすべきか

社長との対話

第2章 経営トップはどうすれば本気になるか

役員との対話

第3章 変革の機運はどうやってつくるか

部長との対話

第4章 現場のアクションにいかにつなげるか

自分との対話

第5章 組織開発はどうすれば自走するか

1 タイミングを見極める――3つの好機

事務局リーダー・井口　ここ数年、従業員の意識調査の数値が悪化するばかりです。先月の経営会議でも、その話が持ち上がりました。来年には中期経営計画の発表があり、経営企画部としては、なにか目玉を打ち出せないかと知恵を絞っているところです。

それで最近、組織開発という手法が気になっていまして、さっきも経営雑誌を読んでいたら、対話型の組織開発という記事がありました。ただ、これがどんなものか、うちの会社に合うのか、正直わかりません……実際に効果はあるんでしょうか。加藤さんは長年、組織開発を実践されている方と聞きました。組織開発のリアルな姿を、教えていただけないでしょうか。

組織コンサルタント・加藤　わかりました。組織開発がどんなものか、御社に合うのか、効果があるのか……じっくり検討していきましょう。

まず、お話ししたいのは、「組織開発は、いつ始めたらいいか」です。タイミングを外せば、せっかくの施策が空振りに終わり、しばらくこの手法を使えなくなる恐れもあります。実際、そういう会社をいくつも見てきました。ただ、いまお話をうかがったかぎり、御社はいま、とてもよいタイミングだと思います。

組織開発を推進する事務局にまず求められるのが、組織開発への理解を深めることだ。そこで本章では、組織コンサルタントとの対話を通して、次の三つを考えていきたい。

- 組織開発とは何か？
- これまでの研修、制度設計、個別人事とは、どう違うのか？
- それを推進する事務局には、いかなる思考と行動が求められるのか？

自分なら、どうするか？　うちの会社は大丈夫なのか？　と想像しながら読み進めていただければ、自らの職場での実践が、より確かなものになるはずだ。

組織開発とは、経営トップから現場社員にいたる人々が対話を重ねていき、自分たちの見方や前提を見直したり探求したりすることで、一人ひとりの行動や考え方が変わることだと私は考えている。対話によって、部下や同僚や上司との関係性が変わり、交わす言葉が変わるのだ。

だが、「はじめに」で述べたように、本書では組織開発について厳密には定義しない。定義するよりも、組織開発を行うべき時期や、研修や制度設計などとの違いを語るほうが、組織開発のリアリティが伝わると思う。そこでまずは、タイミングについて考えていきたい。

冒頭の対話にあるとおり、事務局（主に経営企画部・人事部の有志）が組織開発に関心を持つきっかけは、従業員の意識調査であることが多い。従業員の意識調査とは、**図1**のように、「従業員一人ひとりを尊重しているか」「部門を超えた一体感があるか」など、組織の活性度や満足度に関する調査のことである。ROAやROEと同じように、組織の健全性を数値化することで現状を把握し、対策を講じるためのものだ。会社によっては、「従業員の満足度調査」や「エンゲージメント・サーベイ」と呼ぶところもある。上場企業のほとんどが、従業員の意識調査に加えて、メンタル疾患を理由とする休職者や、自己都合で退職する従業員数の推移なども把握している。

従業員の意識調査の数値や、退職者や休職者の推移といった事実を明らかにすることで、組織の活性度や健全性への注目が高まり、経営会議でも話題にのぼるようになる。意識調査とは、経営陣や管理職の通知表のようなもので、従業員たちが採点するものと思えばいい。通知表には、従業員の実感が如実にあらわれる。たとえば次のようなものだ。

「自分たちは尊重されていない」
「会社に一体感がない」

図1　従業員の意識調査（サンプル）

基本要件	数値	前年（前年比）	主な質問項目
会社に誇りを持っているか	3.61	3.69 (-0.08)	社会的に存在意義が高いと感じるか
			会社は個人を大切にしているか
			会社のビジョンを理解しているか
			会社の理念に共感しているか
職場の風通しはよいか	3.21	3.50 (-0.29)	従業員一人ひとりを尊重しているか
			チームワークがあると感じるか
			部門を超えた一体感があるか
			意見やアイデアを自由に発言できるか
経営への信頼度はあるか	2.88	2.99 (-0.11)	上司との関係は良好か
			上司はリーダーとして信頼できるか
			経営者のビジョンに共感しているか
			経営者はリーダーとして信頼できるか
仕事のやりがいはあるか	3.01	3.11 (-0.10)	仕事に意味を見出しているか
			仕事の目的を理解しているか
			仕事は自分の適性とあっているか
			権限を委譲されているか
頑張れば報われる環境か	2.80	2.95 (-0.15)	意欲に応じてチャンスをもらえるか
			未来のキャリアを描きやすいか
			頑張ったことが正当に評価されているか

さらに悪いことに、退職や休職する人も増えている。これが、この会社の実態である。

これだけ材料が揃えば、「組織開発の好機が到来した」と思われるかもしれない。だが、意識調査の数値がどれほど悪化しても、退職や休職をする人の数がいかに増えたとしても、それだけでは組織開発の機が熟しているとは言い切れない。意識調査の結果がただ経営陣に報告されているだけでは、組織開発はいつまでもたっても始まらないのだ。実際、多くの企業では意識調査が経営陣への報告で終わっている。

事務局の危機意識が経営陣に伝わり、「うちの組織は、このままで大丈夫なのか？」という問題意識が生まれる。さらに、組織課題について経営陣が「私たちの責任だ」と捉えるようになって初めて、全社を巻き込んだ組織開発のプロセスをスタートさせることができるのだ。こうした組織の実態に、自分がどれだけ関与しているか、経営トップから管理職にいたる各マネジメント層が、自分の「負の貢献」をどれだけ自覚しているか。その自覚がなければ、組織開発のプロジェクトは、絵に描いた餅で終わる。

では、組織開発を仕かけるタイミングとは、いつなのか。まず前提として、私が考える組織開発とは、「平時の組織変革」である。「業績は好調」だが「組織は低調」という状況で、より効果を発揮する。業績不振で経営が傾いているような状況では、組織開発の出番はない。この場合は「有事の組織変革」、つまりチェンジ・マネジメントやリストラが求められるだろう。組織開発の実践者によって、いろいろな考え方があると思うが、「戦略がうまくいっているときにこそ、将来を見据えて組織開発を行うべき」だと私は考えている。

そうした前提を踏まえて、「当事者意識が生まれやすいタイミング」で実行するのが重要である。その好機とは、「中期経営計画（中計）の策定」や「創業記念」や「トップ交代」のタイミングだ。

納期に追われ、日常業務に忙殺されている部課長には、組織の現状やメンバーの悩みを考える余裕などない。「組織運営で困っていますか？」と問われても、「とりあえず、いまはなんとか回っているから大丈夫です」と答えてしまう。このような状況で組織開発のプロジェクトなど始めたら、どうなるか。

「そんな悠長なことを」
「余計なことはしてくれるな」

と、組織内からの反発にあうだろう。たとえ彼らが「意識調査の数値」や「退職者や休職者の推移」を見て、その重要度を認識していたとしても、目の前の仕事に手一杯の状態では、重要度よりも緊急度の高い仕事を優先するのは当然だ。

そうした困難を乗り越え、緊急度の高い仕事があるなかでも、重要度の高い仕事にも目を向けてもらう好機となるのが、「中計の策定」や「創業記念」や「トップ交代」のタイミングである。これらのイベントに際しては、「うちの組織は、このままで大丈夫なのか？」という疑問が生まれやすい。

中期経営計画(中計)の策定

多くの上場会社は、三〜五年おきに中期経営計画を策定し、目標とする数値(売上高、営業利益、ROEなど)や、それを実現するための戦略を打ち出す。三〜五年という少し先の未来を展望することで、「いま、うちの会社の課題は何なのか?」「いまの状態で大丈夫なのか?」といった現状への疑問が生まれやすい。経営トップ直下の経営企画部にとっては、この中計の策定が一番の大仕事だと言えるだろう。冒頭の対話でも、事務局リーダーの井口から「中計の目玉を打ち出したい」という発言が出てきた。

だが、大半の中計は、株主や資本市場へ向けた外向きのものである。実行力のある会社では、従業員のための中計、つまり戦略を実行する人のための中計も作成している。とはいえ、従業員向けの中計であっても、単に各部門の方針、課題、目標を羅列するだけでは、組織の活性度や健全性を改善することはできない。

中計の策定は、経営トップや部門長が自分たちの組織をどうしたいのか、自らの言葉で発信し、メンバーとの対話を通じて共感と信頼を得る好機である。組織開発を推進する事務局にとって、これを逃す手はない。事務局は中計を、「組織がやるべきこと(タスク)」だけでなく、「組織がやりたいこと(ビジョン)」を打ち出す機会として活用すべきである。つまり、中計を戦略論と組織論の両輪でまわすということだ。その組織論を実現する施策として、組織開発のプロジェクトを位置づけるのである。

組織開発を中計と結びつけることで、そのプロジェクトは経営陣が認めた、権威ある取り組みとなる。「はじめに」で触れたように、日本企業は、権威において階層をきわめて重視するという特徴がある。その意味で、「中計と連動した組織開発」は、各層のマネジメントに働きかけていく際に、事務局にとって大きな力となるだろう。

創業記念

歴史のある会社であれば、創業三十年、五十年、百年と節目がやってくる。一般的には、社史が編纂されたり、社内外の関係者を招待した記念パーティが開催されることだろう。だが、せっかくの機会を単なる儀式で終わらせてはいけない。

節目の年を迎えるにあたり、社内では自然と、「創業当時はこんなことがあった」というエピソードや、「十年後の創業記念のときには、こうありたい」という夢が語られる。さらには、「私たちの会社はどこから来て、どこへ行こうとしているのか?」という、時間軸の長い問いが生まれてくる。また社外役員や株主からも、「先を見据えて、いま何をするのか?」という問いが提示されやすい。

このタイミングを生かして、事務局は、「私たちは、何を引き継ぎ、何を捨て、何を新たに創りだすのか?」というテーマを経営陣、さらには全社に投げかけるのである。「何を残し、捨て、創るか」。これこそ、組織開発を実践するうえで、何度も向きあうことになる本質的な問いである。

トップ交代

多くの上場会社は、経営トップの任期を三期六年としている。経営トップが代わると、新任者は自分のカラーを打ち出すべく、前任者の路線を否定するような、大きな変革を打ち出すこともある。ある経営者はこう言った。「戦略か、組織か。振り子を揺らすように、経営者は軸足を踏みかえるときがある」。前任者が「戦略」寄りであれば、大胆に「組織」に軸足を置く新任者もいるのだ。このとき、組織に軸足を置こうとするトップであれば、まさに組織開発の好機である。

また従業員の視点で言えば、経営トップの交代は、

「何か新しいことが起こるのではないか」
「新社長は何に力を入れるのだろう」

という期待が自然と高まるタイミングだ。トップ交代と組織開発を同期させることができれば、経営者が起点となった推進力あるプロジェクトになり、組織をダイナミックに揺さぶることができるだろう。

これまでの経験から、組織開発の三つの好機を取りあげた。どれも、「うちの組織は、このままで大丈夫なのか？」という機運が社内で醸成されやすいタイミングであることが特徴だ。この

機運がない状態で組織開発のプロジェクトを立ち上げると、どうなるか。人々は、やらされ感を感じてしまい、片手間の作業となり、日常業務のなかに埋没し、さしたる効果もないまま、プロジェクトは立ち消えてしまうだろう。

組織開発では、当事者の主体性こそが命だといえよう。組織のなかで、当事者意識が芽生えやすいタイミングを注意深く読むことが、組織開発の事務局には要求される。もしいま、あなたの会社がこうしたタイミングでないなら、機が熟すのを待ったほうがよいと、個人的には思う。無理に立ち上げて失敗すれば、二度と同じアプローチが使えなくなる可能性もあるからだ。次にチャンスがめぐって来ても、「組織開発」という言葉への拒絶反応が組織に根づいていると、プロジェクトの実行に大きな困難が伴うだろう。

今回のストーリーでは、来年の発表に向けて中計の策定に取りかかっている状況なので、まさに好機到来である。対話のつづきを見ていこう。

2

変われない要因を探る——研修と現場は別の世界

井口　ではいま、うちの会社は組織開発に取り組んでいい時期なんですね。それを聞いて、組織開発にますます興味がわいてきました。でも、本や雑誌を読むと、「組織開発も研修の一種なんじゃないか」と思ってしまいます。私には、研修との違いがよくわかりません。

実は、うちの会社は、けっこう研修好きなんです。毎年、時間も予算もかけて熱心にやっています。厳選された講師による研修は、どれも研修後のアンケートのスコアがいい。でも不思議なことに、現場ではこれといった変化が見られないんです。研修で学んだことを積極的にやろうとしない。やったとしても、つづかない。だから組織開発をやっても、「また研修かよ!」とみんなから不平が出そうで……。

加藤　なるほど。組織開発に取り組んだことのない人には、研修との違いはわかりづらいでしょうね。組織の活性度や健全性に問題がある会社に、「どんな施策をとっていますか」と聞くと、ほとんどが「課長研修をやっている」と答えます。研修に力を入れている会社は、とても多いですよ。

私は、研修講師もしているので、研修自体を否定するつもりはありません。しかし、課長研修をやりつづけているのに、現場が思うように変わらないのは大きな問題ですよね。課長研修で何も変わらないのは、なぜだと思いますか？

変わりたくても変われない

現場のまとめ役である課長のマネジメント能力を高めることは、きわめて重要だ。特にここ十五年以上にわたり、課長は、目標達成と人材育成の両方を担う「プレイング・マネジャー」であることが求められてきた。それに伴い、業績の評価、目標の管理、部下のコーチング、会議のファシリテーション、理念の浸透など、さまざまな研修が課長に対しておこなわれてきた。いま思うと、それは「スーパー課長」を生み出そうという取り組みであった印象さえある。

しかし、「課長研修」をいくらやったところで、組織の活性度や健全性に対する効果は期待できない。なぜなら、課長は「変わりたくても変われない」からだ。

二、三十名の課長を集めてマネジメントやリーダーシップの研修をおこなうと、どうなるか。

「気づきがあった」「すぐに実践したい」といった反応があり、みなさん満足そうな表情で会場をあとにする。数年前の私も、受講者のアンケートを眺めては、「今日もうまくいったな」と充実感に浸っていた。しかし、研修と現場は別の世界だ。職場に戻ると、課長たちは、新しく学んだマネジメントやリーダーシップを実践することの難しさに直面する。

たとえば、今回の意識調査の結果を踏まえて、課長研修をおこなったとしよう。「従業員一人ひとりを尊重しているか」の数値が極端に悪化しているので、研修のテーマは「管理するマネジメントから、支援するマネジメントへ」に設定したとする。具体的には、手綱を締めるのではなく、部下に一定の裁量を持たせ、任せるマネジメントを学んでいく。

さて、研修を終えて、「支援するマネジメント」を学んだ課長たちは、どうするか。さっそく、部下を管理しすぎないよう意識する。新たなマネジメントの実践だ。ところが、その新たなマネジメントは一瞬で崩れ去ってしまう。それは、部長の「ちゃんと部下を管理しているのか？」という一声だ。新たなマネジメントを知らない部長は、現場がゆるんでいるようにしか見えないので、課長の尻を叩く。すると課長は、直属の上司である部長には逆らえないので、仕方なく、元のやり方に戻す。研修と現場は別個の世界だと言ったのは、そういう意味だ。文字通り、課長は「変わりたくても変われない」状況に追い込まれる。

制度で人は動かない

研修という非日常の空間では、ふだんの役割や責任、人間関係から解放されている。だが、現場に戻れば、本人を取り巻く条件は元のままだ。個人の気づきや努力だけでは、どうにもならない。課長なら部長、部長なら本部長、本部長なら役員、役員なら社長と同期しなければ、思うような変化は生まれないのだ。

なかには、早くから上司を巻き込む必要性に気づいて、上司を説得し、研修での学びをうまく現場で活かす課長もいるだろう。しかし、それができる人は、全体の一割にも満たないのが現実だ。そうした現実から目をそらして、ひたすら課長を集めて研修しても、組織能力は向上せず、活性度や健全性の問題は解決されないままだ。

組織風土や文化の問題となると、事務局は解決策として、「研修」か「制度設計」の二択で考えがちである。だが、「制度設計」も有効な打ち手とはならない。もちろん、仕組みとしての「制度設計」を否定するつもりはない。ただ、働く人の価値観も属性もずいぶん多様になった。制度によって、一律で人を管理する発想そのものが、思うように機能しなくなってきていると言いたいのだ。「制度で人を動かそう」という発想を捨て、「試行錯誤を通じて、あるプロセスが有効だとわかったので、それを制度面から支援する」という発想こそ必要なのではないか。

状況が深刻な場合、経営トップが人事権を発動し、部門トップを交代させる「個別人事」のケースもある。しかし、個別人事という「伝家の宝刀」を何度も抜くわけにもいかない。さらに、トップダウンの人事は、現場の不平や混乱を生むリスクがある。ここでも、階層と合意形成を重視する日本文化が大きく影響する。欧米企業では、経営トップの人事は絶対だ。一方、日本企業では、納得感なき人事は禍根《かこん》を残す。後任者がなかなか信任が得られず、かえって現場に混乱をもたらすことが往々にして起こるのだ。

組織風土や文化に関する問題を分析して、根本問題を特定するのは困難である。その要因は、複雑に絡みあっている。たとえ要因を特定したとしても、それをある部署や人物と結論づければ、彼らが抵抗することで余計に問題が複雑化するだけだ。

私の考える組織開発は、原因を特定することが目的ではなく、試行錯誤による新しいプロセスを生み出すことが目的だ。従業員の意識調査の結果を分析して、ただちに制度設計に着手しよう、という考え方とは根本的に異なる。組織開発のプロセスを通じて、制度の弊害（手かせ・足かせ）が明らかになり、それを取り除くために制度変更し、納得感のある人事をおこなうという手順をとりたい。その意味で組織開発は、組織の活性度や健全性を向上させたい経営者にとって、研修、制度設計、個別人事につづく、「第四の選択肢」といえるだろう。

3 問題を捉えなおす——技術的問題と適応課題

井口　変わりたくても変われない、か……。そういえば私も、研修で学んだことをやろうとして、挫折した経験があります。研修のあと、上司と話していて、研修内容をやんわり否定されていることに気づいたんです。その瞬間、実践するのはやめておこうと、あっさり引き下がってしまいました。いま思い出しても情けない話ですが、研修はあくまで研修、現場には現場の事情があるんですよね。そこを考えないと、いくら研修をやっても無駄かもしれません。

加藤　研修とは、突き詰めれば個人の能力開発です。個人の技術や経験を高めるうえでは、きっと効果的でしょう。しかし、よく考えてみてください。いま御社が直面しているのは、個人の技術や経験を高めれば解決できるような話なのでしょうか。もし、その類の話なら、毎年おこなう課長研修で現場はよくなっているはずです。でも、変化は見られない。活性度や健全性が、日増しに悪くなっていく。だとしたら、取り組まなければならないのは、個人の能力開発ではなく、組織の能力開発ではないでしょうか。一体感があって、一人ひとりが協力しあえて、集団で能力を発揮できるような組織になること。つまり、組織の連動・連鎖を生み出すことです。そのためのアプローチが、組織開発だと私は思っています。

組織開発が、研修や制度設計、個別人事とどう違うか、少しイメージできたろうか。さらに理解を深めるために、ここで、「技術的問題と適応課題」というフレームワークを紹介しよう。**図2**を見ていただきたい。「技術的問題」とは、技術や経験で解決できる問題。「適応課題」とは、技術や経験だけでは解決できず、当の本人が変化に適応しなければ前に進まない課題。具体的には、当事者が、対話を通じて従来の価値観や仕事のやり方の一部を手放し、試行錯誤を通じて新しい能力を育む必要がある。

前述の課長研修を例にしよう。意識調査の数値の悪化を受けて、課長たちは研修で「支援するマネジメント」を学んできた。学んだことを現場に取り入れて問題が解決されたら、それは技術や経験で解決できる「技術的問題」である。

しかし、そうはいかなかった。課長が始めた新たなマネジメントは、部長のスタイルとは異なるために反発を招いた。すぐに元のやり方に戻り、問題は解決されないまま。この状況で変化を

図2　技術的問題と適応課題

	技術的問題	適応課題
問題の特定	明確	対話が必要
解決法	明確	試行錯誤が必要
作業をおこなう人	専門家	問題の当事者

阻んでいるのは部長であり、「支援するマネジメント」を浸透させるには、部長が従来の価値観や仕事のやり方の一部を手放して、新しい能力を獲得する必要がある。つまり、このケースにおいて組織が直面しているのは、「適応課題」なのである。

さらに厄介なことに、適応課題は、何が問題なのかが明確でない。このケースでは、組織の活性度や満足度の数値が悪化している。だが、何が問題でいまの状況になっているのか判然としない。「従業員一人ひとりを尊重しているか」の数値の悪化は確かに顕著であるが、それが根本の原因だと断定できるだろうか。

「技術的問題と適応課題」という考え方を提唱した、ハーバード・ケネディスクールのロナルド・ハイフェッツ教授は、著書『最難関のリーダーシップ』で次のように述べている。

彼ら［CEOやエグゼクティブ、変革リーダーたち］との素晴らしい経験を通じて私が信じていることは、あふれるほどの時間、エネルギー、技術、経験を投じても、私たちがなお解決できずにいる問題のほとんどが、「技術的問題」ではなく「適応課題」だということ。

そして、私がこれまでのキャリアを通じて見てきた彼らの失敗の最大の原因は、向きあっている問題が「適応課題」であるにもかかわらず、それを「技術的問題」として扱ってしまうことだ。

〔ロナルド・A・ハイフェッツ他『最難関のリーダーシップ』水上雅人訳、英治出版、二〇一七年、二頁より引用〕

問題の本質を見極めず、成功体験に基づいて自分たちができそうな解決策に飛びついてしまうと、いくら時間と予算をかけても施策は空振りに終わる。的が見えないまま矢を放っているも同然である。

悪循環を断ち切るには

最近、日本の組織のあちこちで、PDCAを高速で回転させるという仕事のやり方が、大きな弊害を生み出している。現場のマネジャーの役割は、上から与えられた大きな課題を細分化し、部下に割り振り、納期を守るように指示管理することである。もし期限が守れないメンバーがいれば、その人の仕事を自ら請け負ってでも納期を守る。こうして現場では、仕事の効率が維持され、PDCAが高速で回っている。だが、細分化された仕事をすればするほど、全体像が遠のき、仕事そのものの意味が薄れ、やりがいは失われてしまう。また、ルーチンの仕事を高速に繰り返すことで疲弊してしまう。会社の理念や経営トップが語るビジョンとは、かけ離れた現実がそこにはあり、ある種のあきらめ感が漂っている。

もし、組織の活性度や健全性の向上に本気で取り組むなら、会社の理念や経営トップのビジョンを軸に、現在の仕事そのものを見直す必要がある。具体的には、問題を解く方法を探すのではなく、問題を解く人そのものが変わらなければならない。「何が課題なのか」という認識を変えることで、問題の設定そのものを変えるのである。さらに、仕事を与える人と受ける人、両方の認識を同時に変える必要がある。

それを実現するには、研修や制度変更といった技術的なやり方では不十分だ。「何を捨て、何を残し、何を新たに創りだすのか」という観点で、全員が変化に適応し、無意識の慣習や悪循環を断ち切るのだ。それをしないかぎり、組織の活性度や健全性を向上させることはできない。

ここからは、いよいよ組織開発の原則を取り上げる。すなわち、

- 経営トップから始める
- 各層のコンセンサス
- 当事者主体

である。かつての私は、階層別の研修で満足し、自分の力で相手の会社を良くしようと意気込

んでいた。しかし、担当者の高い評価に反して、現場はまるで変わらない。このことに戸惑い、苦悩する日々がつづいた。だが、試行錯誤を通じて、この「三つの原則」を見出したことが、キャリアを通して最大の発見となった。それぞれの原則がどういうものか、詳しく見ていこう。

4

最初に会いに行く人を決める――原則①経営トップから始める

井口　組織開発がどういうものか、リアルに感じられるようになってきました。確かにPDCAを高速で回転させることで、効率性は高まったと思います。でも、組織は疲弊し、やりがいや一体感が失われてしまいました。

そんな状況のなかで、個人の能力開発である研修にいくら頼っても、組織能力は向上しないでしょうね。組織の活性度や健全性もよくならない。さらに、調査の数値を分析して、制度設計や個別人事に着手したところで、問題は本質的には解決されない。

加藤さん、お話をうかがって、はっきりしたことがあります。うちの会社は過去最高益を更新して、メディアにも頻繁に取り上げられています。でも、組織としての伸びしろがなくなってきています。このままでは、疲弊感とあきらめ感が蔓延して、組織が衰退してしまうかもしれません。

加藤　私はまだ御社の詳しい事情を知りませんが、いま話してくださったことは、井口さんの健全な危機意識によるものだと思います。その危機意識をバネにして、一人ひとりが当事者意識をもって課題に向きあうことが、組織開発には不可欠です。
　ここで、組織開発の三原則についてお話ししましょう。もし井口さんが組織開発を始めるとしたら、まず誰に会いに行きますか？

組織開発のプロジェクトは、人事部や経営企画部が中心メンバーになるケースが多い。そのため、人事担当役員か経営企画部長が責任者（スポンサー）になるのが一般的である。しかし、まず会いに行ってコミットメントを得る必要があるのは、経営トップ（CEO、会長、社長）以外にありえない。担当役員に承諾を得るのはもちろんだが、事務局はトップをスポンサーに据え、トップの後ろ盾を得る必要がある。なぜなら、組織開発を全社に展開できるかどうかは、「この話は誰が言ったのか？」にかかっているからである。

組織開発の目的を問われると、その内容はどうしても「きれいごと」となりがちだ。正論だからこそ、きれいごとに聞こえてしまう。だが、それを大義として掲げるのが組織開発だ。そのため、組織のメンバーからは当然、「おまえがそれを言うか？」という反発が起こる。

たとえば、あなたの会社が営業の強い会社だとしよう。自分たちが会社を支えているという自負が強い営業部門の役員・本部長たちからすると、人事や経営企画の担当役員が主導する組織開発プロジェクトは、どのように見えるのか。たとえば、

「稼いでもいない管理部門の人間が、何を言うか」
「現場をまるでわかっていない」
「理想論だよ、そんなものは」

といった反発が噴き出るだろう。さらには、

「現場は忙しいんだ」
「ヒット商品が出れば、組織は勝手に盛り上がるものだ」

といった、現場の言い分による問題のすり替えが起こり、いつまでたっても本質的な課題に対峙できない。

組織開発が扱う問題のほとんどは、「適応課題」だ。これまでの価値観や信念が、思い込みや足かせになっていることを当事者が認めて、それをいったん白紙に戻し、新しい価値観を創造することが、組織開発のプロセスなのである。役員・本部長が反発したり、言い訳しているような

状況では、その下の部長や課長が本気になるはずがない。

では、役員や本部長たちに言い訳をさせないことができるのは、いったい誰だろうか。きれいごとをきれいごととして語ってもおかしくないのは、誰だろうか。それは、経営トップをおいてほかにいない。

つまりこれは、「影響力」の問題なのである。「はじめに」で少し触れたように、組織開発は、社長、役員、部長の順番で対話していき、それぞれの合意（コンセンサス）を得て、さらに本気（コミットメント）を引き出すことが事務局には求められる。もし、人事担当役員や経営企画部長がプロジェクトのトップだった場合、はたして同階層の役員・部長たちの合意や本気を得られるだろうか。

トップはアイデアを待っている

ふたたび、課長研修の話に戻ろう。課長は部長の一声によって、新しいマネジメントをやめざるを得なくなった。人事権を持つ部長に、課長は逆らえないからだ。それと同じように、部長たちは役員を見ている。そして役員たちは社長を見て動いている。ここが重要な点だが、あらゆる組織人には、上司を見ながら行動するという習性がある。上司が変われば自分も変わる。上司が変わらなければ自分も変わらない。

したがって組織開発では、社長、役員、部長というタテのラインのコミットメントを確保していくために、「トップから始める」ことが鉄則となる。本書は、全社規模の組織開発をテーマにしているので、経営トップから始めることを推奨している。もしあなたが、部門やカンパニーの組織開発に取り組むのであれば、部門長やカンパニー・プレジデントから始めることになる。つまり、対象とする組織のトップから始める。これが組織開発の原則なのだ。

「トップから始める組織開発」……それは、事務局のみなさんが組織開発をトップに提案し、組織に対するトップの想いを組織開発の起点に据えるということである。トップとの対話の詳細は次章に譲るが、「トップから始める」と言われると、躊躇する方もいるはずだ。しかし、ここを避けては先に進めない。

あなたの会社のトップは、自社の組織について、どんなメッセージを発信しているだろうか？ひょっとすると、組織について話すことに、それほど力を入れていないかもしれない。トップメッセージの多くは、事業戦略やテクノロジーの話かもしれない。

しかし、十七年にわたってさまざまな規模・業種の経営トップの方々に接してきたが、組織について考えていない人など皆無だ。どんな事業も戦略も、最後は人の話に行きつく。人と組織の問題は、競争力に直結する。組織の話、ましてや従業員の意識調査や退職者数の推移といったファクトがあるなら、耳を貸そうとしない社長など、まずいないと言ってよいだろう。

ただ、日々さまざまな意思決定を下さなければならない社長が、組織の活性度や健全性を高める具体的なアイデアを持っているわけではない。それは社長の仕事ではない。社長は、アイデアを待っている。あなたには組織開発というアイデアがある。それは制度設計でも個別人事でも集合研修でもない、第四のアプローチと言えるものだ。ここで事務局が躊躇していては、組織の活性度や健全性の問題は宙に浮いたままである。このことを、どうか忘れないでほしい。

5 日本企業の特性を踏まえる――原則② 各層のコンセンサス

井口　本や雑誌の予備知識があったので覚悟はしていましたが、本当に、経営トップから始めるんですね。さっき加藤さんから「まず誰に会いに行きますか」と聞かれて、まっさきに頭に浮かんだのは、自分の上司である経営企画部長でした。彼を口説くことが組織開発の第一歩だ、と。

でも、経営企画部長では、重みが足りない。役員や本部長たちと対等に話すことはできませんし。それができるのは、うちの会社では社長しかいない。だから、組織開発はトップから始めるんですね。ちょっと感動しました。でも、社長のコミットメントが得られたとして、その次は……たとえば、社内の経営フォーラムや広報誌で、社長に何か話してもらえばいいのでしょうか。それは、すでにうちの広報がよくやっていることなんですが。

加藤　経営フォーラムや社内広報も大事です。とはいえ、どんなに社長が組織について本気で語ったところで、堰を切ったように組織が動き出すわけではありません。組織開発では、タテのラインの合意を辛抱強く形成していくことが肝要です。社長の次は役員層、その次は部長層というように。そこで、二つ目の原則は、「各層のコンセンサス」です。

日本企業の組織開発において、各層の合意を形成することがなぜ重要か、前述の課長研修の話でイメージがわいたと思う。さらに、そのことをデータで裏づける研究がある。INSEADのエリン・メイヤー教授による、権威（ヒエラルキー重視か平等主義か）と意思決定（トップダウン型か合議型か）のグローバル分布図である。**図3**を見ていただきたい。

日本は十九カ国のなかで、かなり極端な場所にプロットされている。権威では階層意識がきわめて強く、意思決定では合意形成をとても重視する。日本が極端な位置にいることの善し悪しを言いたいのではなく、大切なのは特徴を見極めることである。つまり、各階層で合意が形成されていないと、日本企業では、実際の変化が起こりにくいということだ。

私が組織開発の支援をおこなうときも、相手が日本企業か米国企業か、あるいはドイツ、イギリス、フランスの企業かによって、アプローチはもちろん変えている。たとえば米国企業は、分

図3　権威と意思決定のグローバル分布図

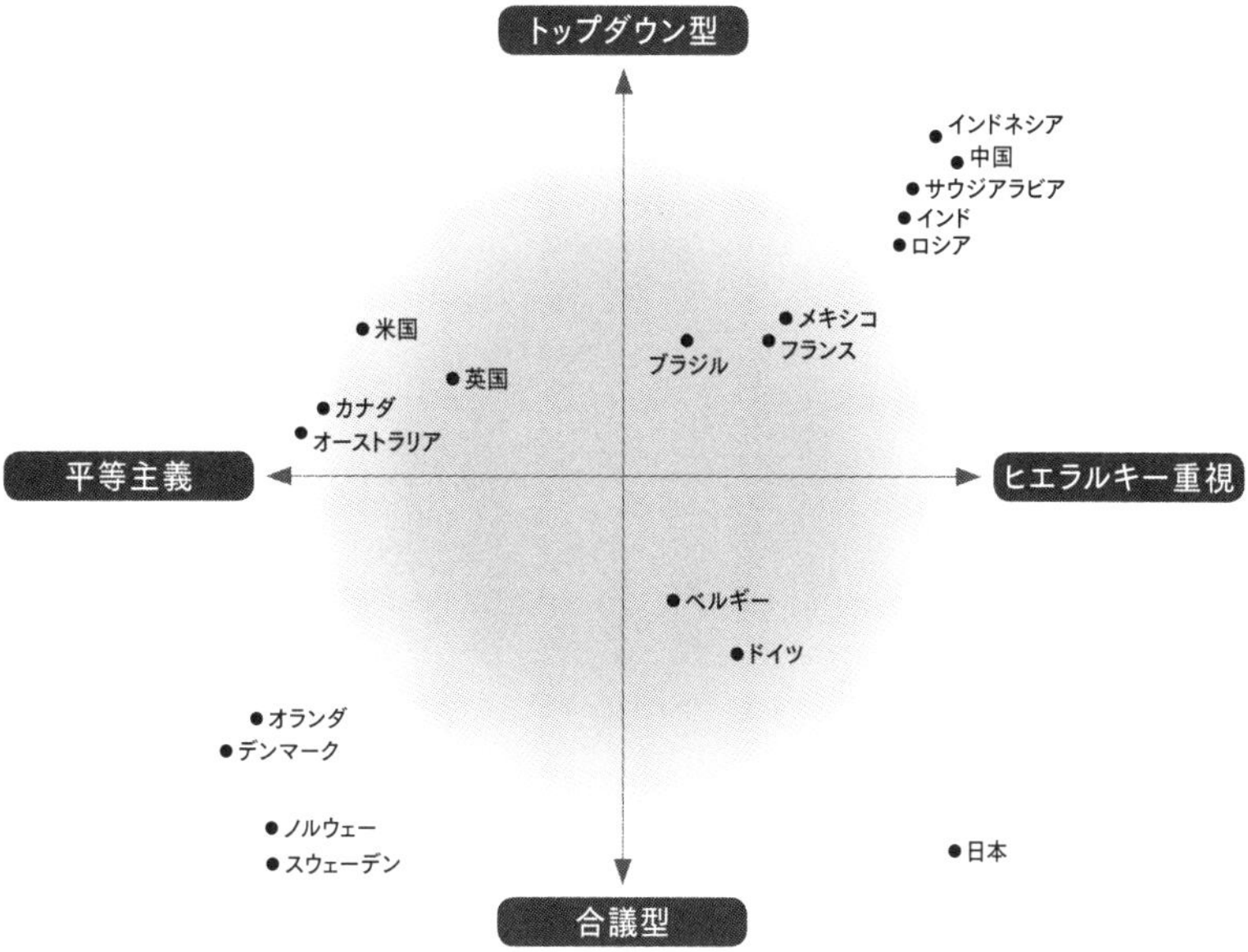

出典：エリン・メイヤー「異文化適応のリーダーシップ」
（「DIAMONDハーバード・ビジネス・レビュー」2017年10月号、ダイヤモンド社）

（注）ここに示した19カ国の分布は、2003～2016年に実施されたインタビューに基づいている。

布図の通りトップダウン型なので、各層の合意形成ではなく、トップのメッセージをいかに洗練させ、どんなストーリーで組織に伝えるかに注力する。

米国企業のトップは、フランクな経営スタイルをとることが多いと言われている。だが、生殺与奪の権利を一手に握っているからこそ、意図的に従業員に対してフランクに振る舞っている側面があると私は見ている。一方で、ドイツ企業は日本企業と似ているところがあり、トップダウンで組織を動かそうとしても、各層の壁に阻まれてしまう。トップが笛吹けど踊らず。トップよりも、自分を評価する上司のほうが大切なのである。そのため、役員層、部長層と、各層との対話を通じてコンセンサスを形成していくことが、とりわけ重要となってくる。

トップダウン型の米国企業と比べて、日本企業は面倒な組織のように思われるかもしれない。しかし見方を変えれば、コンセンサスをしっかり得られれば大きな力を発揮しやすい集団ともいえる。実際、あるグローバルメガファーマのトップから、こんな話をうかがったことがある。

「日本法人は、社内調整に時間がかかるが、いったん決定すると一致団結して、粘り強く実行する能力がきわめて高い。だから、作業工程が難しい生産ラインは必ず日本に残してある」

最も変化を拒むのは誰か?

各層のコンセンサスを得ていくために、経営トップ（社長、CEO）との対話のあとに、役員との対話（役員合宿）をおこなう。役員合宿には経営トップも参加して、役員に自分の想いを伝える。それに対して、役員・本部長も本音で応えていき、自分の組織はいまどうなっているのか、これからどうしていきたいかを対話していく。これは、本書の第3章で紹介する。

役員のコンセンサスが得られたら、次は部長との対話（部長支援ワークショップ）である。役員合宿と同じように、社長のメッセージを踏まえて部長一人ひとりが現状を認識し、自分の組織と向きあう時間とする。一般的な部長研修と大きく異なるのは、社長、役員を経た場であるということだ。その前提が、部長層のコンセンサス、さらにはコミットメントを引き出す必要条件となるのである。詳しい内容は、第4章で見ていく。

組織開発の道のりには、いくつもの壁がある。社長との対話も、役員との対話も、一筋縄ではいかない。しかし、何より困難なのは、部長との対話である。十七年のキャリアがある私でも、社長と役員の対話を終えて、いよいよ部長層に突入していくフェーズが最も緊張する。

彼らこそ、成否の鍵を握る「組織開発の一丁目一番地」と言っていいだろう。なぜなら、日々の会社の数字を実質的に担っているのは部長層であり、強固な自負と価値観に根ざして仕事をしているからだ。彼らが組織の司《つかさ》であり、現場の暗黙のルールや作法を生み出している。

社長や役員との対話は、端的にいえば、変革の方向性といったマクロレベルの話で展開されていく。一方、部長との対話は、個々人が背負っている現場レベルの話だ。概念的な「組織」の話ではなく、リアルな「職場」の話になってくる。より具体的な話が飛び交い、認識のズレは深く、なかなか埋まりづらい。だから、きわめて厄介なのだ。

極端にいえば、組織開発は「部長が変われるかどうか」にかかっている。部長層が、経営に靡《なび》いたり、現場に偏ったりすることなく、組織マネジメントができるか。ここが肝だと覚えておいてほしい。

適応課題を解決するには、自分の価値観や仕事のやり方の一部を手放し、新しい能力を獲得することが不可欠だと述べた。「彼らが変わる」ように支援するのが、事務局の使命なのである。相手にするのは、歴戦の強者ばかりだ。生半可な気持ちで臨めば、打ちのめされるだけだろう。

6 本気度を高める――原則③ 当事者主体

井口　組織開発……これこそ、いまうちの会社で最も必要なことだと確信しました。本当に、これは中計の目玉になりそうです。もし実現できたら、戦略と組織の両輪で会社がうまく回るでしょう。

加藤さん、ぜひ弊社で、組織開発をお願いできないでしょうか。今日、教えていただいた実践知を、ぜひ、わが社で、そして現場で、展開していただけないでしょうか。社長も役員も部長たちも、ちゃんと話せば、きっとわかってくれると思います。

加藤　必要だと思ってくださったのは光栄です。ですが、誤解されているようです。組織開発は、当事者がやるものです。特に、井口さんをはじめとする事務局の方々が本気にならなければ、誰も、何も、変わりません。

みなさんは、これから社長、役員、部長の前に立つ覚悟が、本当にありますか。批判や中傷や妨害にあっても、やりつづける意志をお持ちですか。

その覚悟がないようでしたら、残念ですが、今回のお話はお断りします。

「トップから始める」「各層のコンセンサス」、そして三つめの原則が、「当事者主体」である。組織開発において当事者とは、経営トップから新入社員にいたる全員を指す。だが、最も当事者意識（自分ごとの意識）を持ちつづけなければならないのは、やはりこのプロジェクトを先導する事務局のメンバーである。トップから始めて、各層のコンセンサスを得られたとしても、事務局が当事者意識を失ってしまえば、そこで組織開発は頓挫する。

前に述べた「技術的問題」であれば、当事者主体でなくとも、外部の講師やコンサルタントによって問題を解決できるだろう。しかし、いま直面しているのは、適応課題である。自分たちが変わらなければ、前に進むことはできない。そういう状況下では、まず事務局の一人ひとりが、真に当事者としてプロジェクトに臨むことが求められる。

組織開発において、最も現場から嫌われるのは誰か？　自分は表に出ないで安全な場に身を置き、高みの見物で、あれやこれやと、したり顔でコメントする人たちである。そういう態度で臨めば、事務局、ひいては組織開発という取り組みそのものへの信頼も、完全になくなるだろう。組織開発とは、組織のメンバーが、自分は問題の当事者であり、組織で起こっている問題の一部は自分であることを認識してもらう、「自分ごと化」のプロセスである。そのためには、まず事務局自身が、本物の当事者であることを体現しなければならない。社長や役員、部長が本気になる前に、まず事務局の本気が問われるのである。

しかし残念ながら、組織開発について外部のコンサルタントに相談し、話しあった結果、その可能性に魅力を感じると、「ではお願いします」と丸投げしようとする事務局が数多く存在する。私のところに相談が持ち込まれ、「ではお願いします」と言われたときは、相手の会社と事務局のためを思って、最初は「お断りします」と言うようにしている。彼らが本当に当事者としての意識を持っているのか、本気で組織を変えたいと思っているのかを見極めようとしているのである。「お断りします」と言うようにしているもうひとつの理由は、この瞬間から事務局とコンサルタントの信頼関係の構築が始まっているからである。

組織開発のプロジェクトを担う事務局は、組織開発の経験豊富なメンバーがいなければ、基本的に外部のコンサルタントを招き、支援してもらうことになる。プロジェクトは一年以上の長丁場となり、事務局とコンサルタントが確かな信頼を築くことが不可欠となってくる。本書では便宜上、事務局とコンサルタントを分けているが、名実ともに「社内のメンバー＋コンサルタント＝事務局」となる必要がある。

長いプロジェクトを通して、つねに事務局のメンバーとコンサルタントは共に矢面に立ち、批判や抵抗にさらされる同志になっていく。ここで馴れ合いになってしまっては、良いことも悪いことも共有しあえる間柄には決してなれない。組織変革など、とうてい実現できないだろう。だからこそ、「お断りします」なのである。

「覚悟がありますか？」
「本気ですか？」

という問いに対して、自信をもって答えられることは重要だ。だが、その本気度は、事務局のメンバー構成に如実にあらわれる。不可欠なのは、役員と同等に話ができる担当部長クラス（五十歳前後）、中堅課長クラス（四十歳前後）、若手メンバー（三十歳前後）だ。私の場合、こうした三名をプロジェクトにきちんと投入できるかどうかを、事務局の本気度を測るひとつの目安としている。この三人が、組織の各層のあいだを走り回って、組織のなかの空気感を肌で感じ、風を読むことになるのである。

さらに女性メンバーが入ると、活動の幅は大きく広がるだろう。女性メンバーがいると、事務局の内外においてクッションのような存在となり、彼女の一声が緊張感のある場をほぐしてくれることがある。また現場の声を拾っていく際に、女性の声を反映させるためにも、女性の公式・非公式のネットワークがあると大きな助けになる。

さて、あなたの組織開発のプロジェクトは、最低三名の専属メンバーを確保することができるだろうか？

井口　なるほど……失礼しました。今日お話をうかがい、社長をはじめとする組織の人間一人ひとりが本気になること、当事者として課題に向きあうことがどれほど重要か、痛感しました。加藤さんに、プロジェクトを丸投げしようなどとは思っていません。私たち事務局は本気です。経営企画部のスタッフを中心に、私以外にも、事務局メンバーを三人確保しています。加藤さんを事務局の一員としてお迎えして、力をお借りしながら、いっしょに組織開発を実行していきたいのです。

加藤　わかりました。こちらこそ、先ほどはみなさんを試すような物言いをしてしまい、失礼しました。これからは、外部のコンサルタントとしてではなく、同じ事務局の一員として、苦楽を共にしていきましょう。

井口　では、早速ですが、次のアクションを確認させてください。組織開発は、まずはトップから、でしたよね。実はちょうど一カ月後に、私たち事務局の活動について、社長への途中報告が控えています。加藤さんにも同席していただき、その席で、組織開発のプロジェクトについて話すというのは、いかがでしょうか。

組織開発のプロジェクトの第一弾は、社長との対話である。それは次章で詳しく見ていくが、その前に、事務局には大切な仕事がある。

まずは、プロジェクトの実施内容やスケジュール、人員、予算について、事務局内で話しあい、担当役員から事前承認を得ることである。担当役員を交えた、事務局の関係者のキックオフのような儀式も必要だろう。同じ船に乗っている感覚が不可欠だ。

さらに、これまで社長といっしょに仕事をしたことのある人などに、事前ヒアリングをおこない、社長に関するエピソードを集めておくとよいだろう。外部メディアによるインタビューや、有識者との対談でもかまわない。事前ヒアリングやインタビューを通して、社長の組織観、経営観、さらには人生観をインプットするのである。たとえば、あるメディア企業の社長は、大手新聞社による就任インタビューで、「自分は性善説に基づいた経営をしたい」と語っていた。もし私が事務局のメンバーであれば、このインタビュー記事を素材に、発言の背景やエピソードを質問することから、社長との対話を始めていくだろう。

第2章

社長との対話

経営トップはどうすれば本気になるか

1

5つのステップで対話する——トップが想いを語り出す

井口　いよいよ来週、社長との対話ですね。加藤さんに教えていただいた通り、事前準備として、これまでの社長の発言をかき集めました。雑誌、新聞、テレビ、社内広報誌、過去の経営フォーラムの映像などで、ものすごい量です。

ここ数年、社長が参加する会議に同席してきたので、社長のことは人一倍わかっているつもりでした。でも、こうして資料を読み込んでいくと、ふだんはあまり見せない意外な一面が見えてきます。ある記事では、「総和の経営」という言葉を使っていました。突出した、ひとりの優れた経営者が引っ張る組織ではなく、メンバー全員の衆知を生かす経営ということらしいんです。これは、対話のなかで何か役に立つでしょうか。

加藤　「総和の経営」ですか……社長のこだわりを感じる言葉ですね。個人戦では勝てなくても団体戦で勝つ。つい、オリンピックの日本代表チームの団体戦が思い浮かびました。社長との対話の前に、今日は二つのことをお話ししたいと思います。対話のプロセスと、内面の循環です。まずは対話のプロセスから考えていきましょう。社長のコミットメントを得るには、どんな順番で話を進めていけばよいと思いますか？

何度も述べたように、組織開発とは、経営トップから現場の管理職にいたる各層と対話を重ね、彼らのコミットメント（本気）を生み出すことだ。その第一段階が、社長との対話となる。社長のコミットメントを得るには、対話のプロセスを意識することが重要だ。それには、次の5つのステップがある。

①現状の認識をすりあわせる……………好業績の陰で、組織のどこで、どんな問題が起きているか？
②リスクシナリオを提示する…………このままだと、何が起こりそうか？
③組織課題の本質を見極める…………「経営への信頼」が揺らいでいないか？
④組織開発のプロジェクトを提案する……どんな打ち手が必要なのか？
⑤トップの想いを引き出す……………従業員にどんなメッセージを伝えたいか？

では、順を追って見ていこう。

①現状の認識をすりわせる

社長との対話は、従業員の意識調査や、退職者・休職者の推移といった、同じ対話の素材を見て、その解釈を伝えあうことからスタートする。第1章で、従業員の意識調査は、経営陣や管理職に対する通知表だと述べた。と同時に、意識調査の結果は、先行指標とも言えるものである。業績好調の裏で、現場では何が起こっているのか。それはどんなシグナルで、何を示唆しているのか。事務局の考えを述べて、社長の所感を聞いていく。

②リスクシナリオを提示する

このままいくと、組織はどうなるか。今後の読みを、事務局が提示するのである。その読みを社長がどう捉えるか。経営の神髄は、先読みである。つねに先を読み、打ち手を考えるのが経営者だ。社長の読みのなかに、社長の人間観、組織観、経営観、さらには人生観のようなものを、事務局は感じ取ることになるだろう。

③組織課題の本質を見極める

「現状認識」と「リスクシナリオ」について対話を進めていくと、組織が直面している課題の本質が浮かび上がってくる。さまざまなケースがあるが、多くの場合、本質的な課題として浮上するのが「経営への信頼」だ。具体的には、上司への信頼、部門のトップである役員への信頼、そして社長への信頼である。組織課題の根本には、この「経営への信頼」というテーマが横たわっている。「信頼」が揺らいでいるからこそ、さまざまな表現で組織の問題が語られているのである。本質的な課題について合意できれば、経営トップと事務局の目線があってくる。そして、「これまで（過去）」の振り返りから、「これから（未来）」の布石へと、対話の潮目が変わる。

④組織開発のプロジェクトを提案する

ここで事務局は、組織開発のプロジェクトを提示する。社長、役員層、部長層が対話を重ねることで、組織の活性度や健全性は自分が関わっている問題であることを自覚し、それに向きあい、さらに変革人材が新しい仕事のプロセスを創発することを支援する、という展開だ。

⑤トップの想いを引き出す

そして組織開発のプロジェクトの起点となるのが、「トップの想い」である。

経営が語る理想と、現場が感じる現実のギャップが、なかなか埋まらない。そのギャップが大きすぎて、現場にはあきらめやしらけ感が漂う。こうした組織の活性度や健全性に関する問題のほとんどは、「適応課題」である。組織の風土や文化を、当事者が自分の問題として捉え、新たな環境に適応しなければならない。これは、社長・役員・部長が、経営として信頼されるために

「何を捨て、何を残し、何を創るか」を考え、試行錯誤するプロセスに真剣に向きあうことを意味する。さらには、課長以下のメンバーも、経営を信頼し、経営の想いを体現する新たな活動を始める必要がある。

組織課題の本質である「経営への信頼」とは、適応課題なのである。これまでの知識や経験だけでは解決できない。自分が変わらなければ前進できない。こうした状況に本気で向きあっていくと、誰もが自分のスタンス（立ち位置・軸足）を確認せざるをえなくなる。「自分はこの組織をどうしていきたいのか」「組織をよくするために、自分は何をするのか」という内省を通して、本心が問われ、やがて本気が発露していくのである。

2 内面の循環を意識する——本音↓本心↓本気

井口　組織課題の本質は「経営への信頼」……ですか。ここ数年、「経営への信頼」が意識調査で下降傾向にあるのは、社長もご存じのはずです。しかし、経営への信頼について経営者に直言して、はたしてどんな反応をされるか……。

対話のプロセスの全体像については、だいたいイメージできてきました。では、もうひとつの「内面の循環」とは、どんなものでしょうか。

加藤　本音を語り、本心に気づき、本気になる。これが内面の循環です。私が経営トップの方にエグゼクティブ・コーチングを行う際は、この「本音↓本心↓本気」という感情のプロセスをつねに意識しています。

そして、この循環を生み出すきっかけとなる対話のテーマが、先ほどお伝えした「5つのステップ」になるわけです。

社長との対話で話す内容については、少しイメージできたと思う。では、組織開発に対する社長の本気が芽生えるために、事務局メンバーには、どんな姿勢、どんなスタンスが求められるのだろうか。それは、

「このままでは、自分たちの会社の未来が危うい」

という危機意識である。健全な危機意識こそが、事務局の本気度を高め、それが社長に伝わるのである。

社長は、提案内容の良し悪しだけを見ているわけではない。提案された内容以上に、誰が提案しているのか、この人は本当にやり切れるのか、言い訳して逃げないか、任せられるのか、といった点を見ているのである。もし事務局のメンバーのなかに三十代の中堅・若手の世代がいれば、社長に対して最も説得力をもつのはその人だろう。社長の在任期間を超えてこの会社で働いているのは、他ならぬその人だからである。

これからの時代を支えるのは自分たちだ、という自負と責任感を持つこと。その気持ちがトップに響く。実際、社長との対話において、社長が事務局の中堅・若手メンバーに、「おまえは、どう思う？」と問うシーンをたびたび見てきた。

図4　内面の循環①

このように、本気の姿勢を事務局が社長に示すことは重要である。しかし、人が本気になるには、内面のプロセスがあると、私は考えている。私がエグゼクティブ・コーチングをする際に意識しているのが、「本音→本心→本気」という循環である。社長との対話では、社長と事務局がそれぞれ、この内面の循環を生み出せるかが重要になってくるのだ。

図4を見ていただきたい。まず、実際はどう感じているのかを語り出す（本音）。すると、本当はこうしたいという自分の想いに気づき、本人の意志が発露してくる（本心）。さらに、強い感情が生まれ、想いが高まり、意志がより強固となる（本気）。

今回の社長対話では、従業員の意識調査などの同じ対話の素材を見て、社長と事務局がそれをどう解釈するかを伝えあうことから始まる。その解釈に、それぞれの感情が表れる。焦燥感が表れることもあれば、自己防御の反応を示す場合もあるだろう。

ただし、どのような感情が出てきても、それを評価したり判断することなく、いったん保留する。感情に対して感情で反応してしまうと、相手の感情がエスカレートしてしまう。相手の感情を「受け止めて流す」。「受け流す」ではない。受け止めつつも、相手の感情にのまれないこと。これが対話において、きわめて重要である。自分の考えを押し通さない。説得しない。すると、相手がその感情を生み出している前提が見えてくる。

前述の5つのステップに照らすと、「①現状認識」と「②リスクシナリオ」のステップで、経営トップと「本音」で語りあう。次に「③組織課題の本質」によってトップの「本心に」気づき、最後に「④組織開発のプロジェクト」と「⑤トップの想い」を通じて、トップ自身が「本気」になっていく。

解釈の奥底にある本音

現実と前提の乖離、つまり自分の思う通りにいかないから、感情が生まれるのである。「自分の思う通り」とは何なのか。その前提（思い）は健全なものなのか、実は単なる思い込みではないのか。事務局の解釈が刺激となって、社長みずからが語ることで、社長は自分の価値観や信条や固定観念に気づくことだろう。その気づきが肚落《はらお》ちして、社長のスタンス（立ち位置・軸足）が定まるからこそ、自らの意志が言葉となって表現されるのである。**図5**をご覧いただきたい。

たとえば、対話の素材を見た社長の解釈に、他責モードの反応があったとしよう。

図5　内面の循環 ②

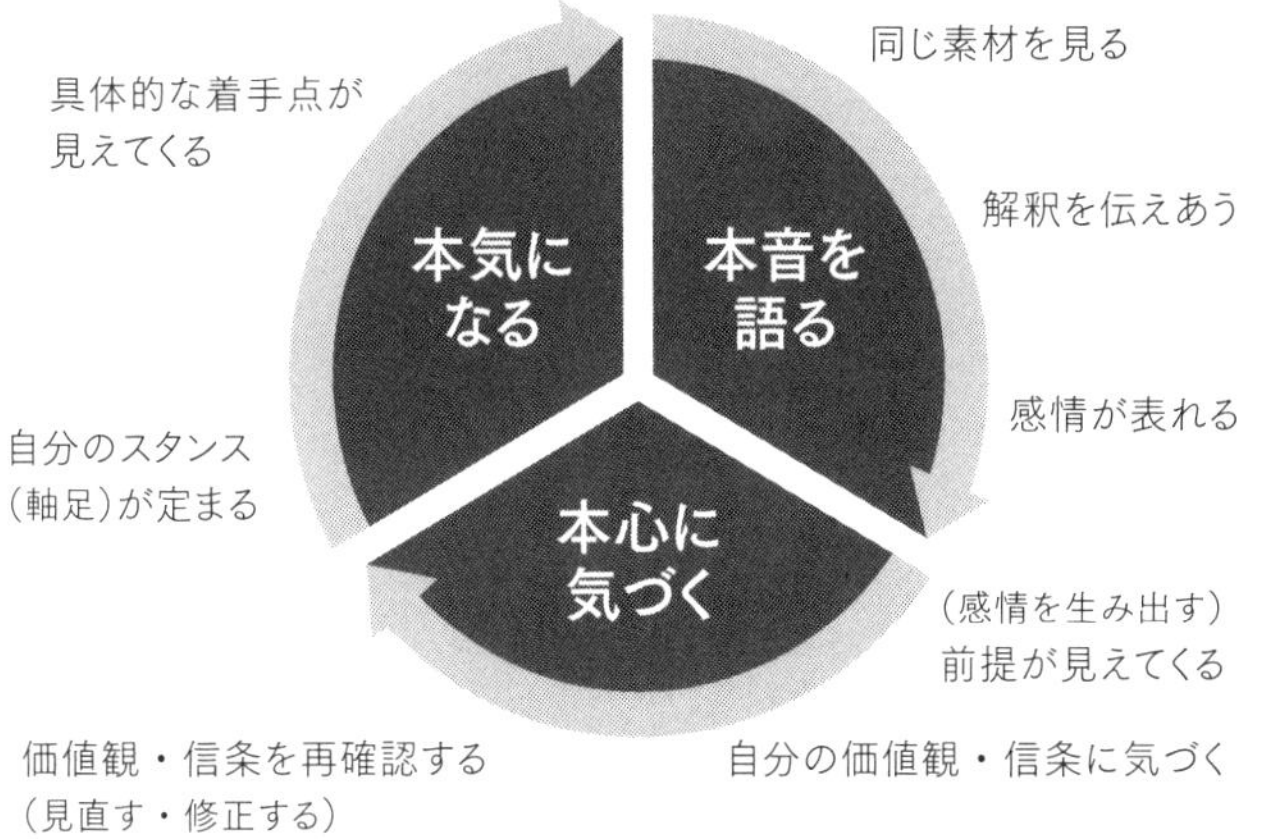

加藤雅則『自分を立てなおす対話』（日本経済新聞出版社、2011年）を参考に筆者が作成

「役員連中はわかっているのか？」
「部長は組織をまとめきれていないのか？」

といったコメントである。そのような発言は、表面的な反応にすぎない。コメントの内容にとらわれることなく、さらに発言の背景を探っていく。すると次のようなコメントが出てくるかもしれない。

「本来、本部長たる者は……」
「私が部長の時には、こうしていたのに……」

これらは、社長個人の経験に基づく「あるべき論」（前提）だ。現実と前提の乖離が、社長の他責モードを生み出している。では、この「あるべき論」はどこから生まれてきているのか。何がこの「あるべき論」を社長に言わせているのか。そこには経営トップ特有の孤独感や役員に対する失望感が隠れているのかもしれない。

さらに、その孤独感や失望感の奥底には、何があるのか。もしかすると、役員や部長層への期待感が隠れているのかもしれない。その期待が、さまざまな事情があって伝わらないから、先ほどのような苛立ちとなって表現されたのかもしれない。だが、その期待は果たして健全なものなのだろうか。過剰なものではないだろうか

人は誰しも、認識が偏ってしまったり、強く思い込んだりするものだ。だが社長まで登りつめた方であれば、こうした対話を繰り返していくなかで、自分の認識（自己認識）の歪みに、いち早く気づくものだ。

「そうは言っても、自分の方針の打ち出し方が、まだ曖昧なのかもしれないな」と本音を吐き出すことができれば、その後は冷静になって、自ら発言の軌道修正を図るだろう。そこで、初めて本心が語られる。語りのトーンが反転し、そして「では、これからどうするか？」という本気が見え始めるのだ。

加藤　来週の社長との対話には、事務局の一員として私も同席させていただきます。ただ、組織開発に対する社長の本気を発露させていくのは、組織の一員であるみなさんですからね。組織に対する社長の想いを引き出し、社長のスタンスを確認し、最終的にはコミットメントを得る。

そのためには、みなさん自身も、本音↓本心↓本気を循環させて、社長の内面を刺激するという決定的な役割があるのです。

井口　自分たちが社長を本気にさせるというより、まず自分たちが本気を見せることで、それが社長に伝わり、じわじわと社長の本気が顔を出していく。そんなイメージがわいてきました。

「対話のプロセス」と「内面の循環」をしっかり頭に入れて、本番に臨みたいと思います。加藤さん、今日もありがとうございました。来週も、よろしくお願いします。

3 ステップ① 現状の認識をすりあわせる

井口　社長、今日はお時間をいただき、ありがとうございます。組織コンサルタントの加藤さんにサポートしていただきながら、組織の活性度と健全性を高める、具体的な施策を練ってきました。施策をご提案する前に、まずは組織の現状について、社長と認識の共有をさせてください。いま、業績好調の裏側で、現場ではいったい何が起きているのか。どんな兆候が現れていて、それは何を示唆しているのか、事務局の考えを述べさせてください。

社長　今日は例の、意識調査についてだったな。君たちがずいぶんと力を入れて、資料の収集や聞き取り調査に奔走していると、経営企画部長から聞いているよ。うちの組織について、事務局がどう思っているか、考えを聞かせてもらおうか。

いよいよ、社長との対話が始まった。最初のステップは、「現状の認識」をすりあわせることである。対話の素材は、従業員の意識調査、退職者や休職者の推移だが、要点は経営会議などで報告ずみである。そこで今回の対話では、社長が特に関心を示すであろう「三つの兆し」にフォーカスする。この三つに焦点を絞ることで、社長の本音を引き出すことが狙いである。

若手社員の動向

まずは、社長と距離が遠いが、一方で会社の未来を担う、二十代後半から三十代前半の若手社員に焦点をあてる。具体的には、若手社員の退職者数の推移と、若手社員への事前インタビュー内容を対話の素材として用意し、それらに対する自分たち（事務局）の解釈を練ってから、社長との対話に臨むとよいだろう。

以前、ある大手機械メーカーで、退職する予定の若手の研究者にインタビューする機会があった。印象的だったのは、その人が「この会社には夢がない」とつぶやいたことである。この話を聞いた社長は、「そうか、うちには夢がないのか」とひどく落胆されていた。経営者にとって、「夢」という言葉は特別な意味を持つようである。経営人材の選抜研修でも、「夢を語ってほしい」と社長が語りかける場面がよくある。たとえば事前インタビューでこのような「夢がない」という言葉で出てきた場合、次のような解釈が考えられる。「〈この会社には夢がない〉という若手研究者の発言の真意は、〈自分がやっている仕事の先が見えない〉ということ。つまり、今やっている仕事の意味や、仕事を通じたキャリアの発展を見いだせないということではないだろうか。

もし研究所の所長や研究部長が、社長のメッセージを彼らなりに解釈して、自分の言葉でその若手研究者に日頃から語っていれば、退職は防げたかもしれない」

別の会社では、新興国から本社に戻ってきた若手のエースが「私には日本が止まっているように見えます。私の成長スピードと、会社の成長スピードがかけ離れているんです」と言っていた。この発言は、例えばこう解釈できる。「帰属意識だけでは会社につなぎとめることはできない。若手社員が退職する要因は、彼らがどう成長したいかを会社が把握しておらず、その結果、彼らが成長できる機会を提供できていないことだ」

部門別の活性度

従業員の意識調査の結果を部門別に分析すれば、どの部門の活性度が高いのか低いのかがわかる。その例を、**図6**に示した。これに加えて、活性度の高い部門、低い部門のメンバー数名ずつにインタビューをおこない、現場の生の声をヒアリングしておくことをおすすめする。

若手社員と同じように、部門の活性度についても、どの部門のどの階層で何が起こっているのか、それをどう読み解くか、という自分たちの解釈を練っておくことが重要だ。たとえば、カリスマ的な部門長が率いる、ある製造部門の活性度がここ数年、下がっているとしよう。個別人事で組織を束ねてきた習慣が根強いと、そうした傾向の責任を個人に転嫁してしまいがちである。しかし、意識調査の結果を丁寧に分析し、さらにその部門のメンバーにインタビューすると、現場に根ざした仮説が浮かび上がってくる。たとえば、「部門トップの独特なマネジメントスタイ

図6　部門別の活性度（サンプル）

活性度の基本要件

①会社に誇りを持っている
②職場の風通しは良い
③経営への信頼はある
④仕事のやりがいはある
⑤頑張れば報われる環境がある

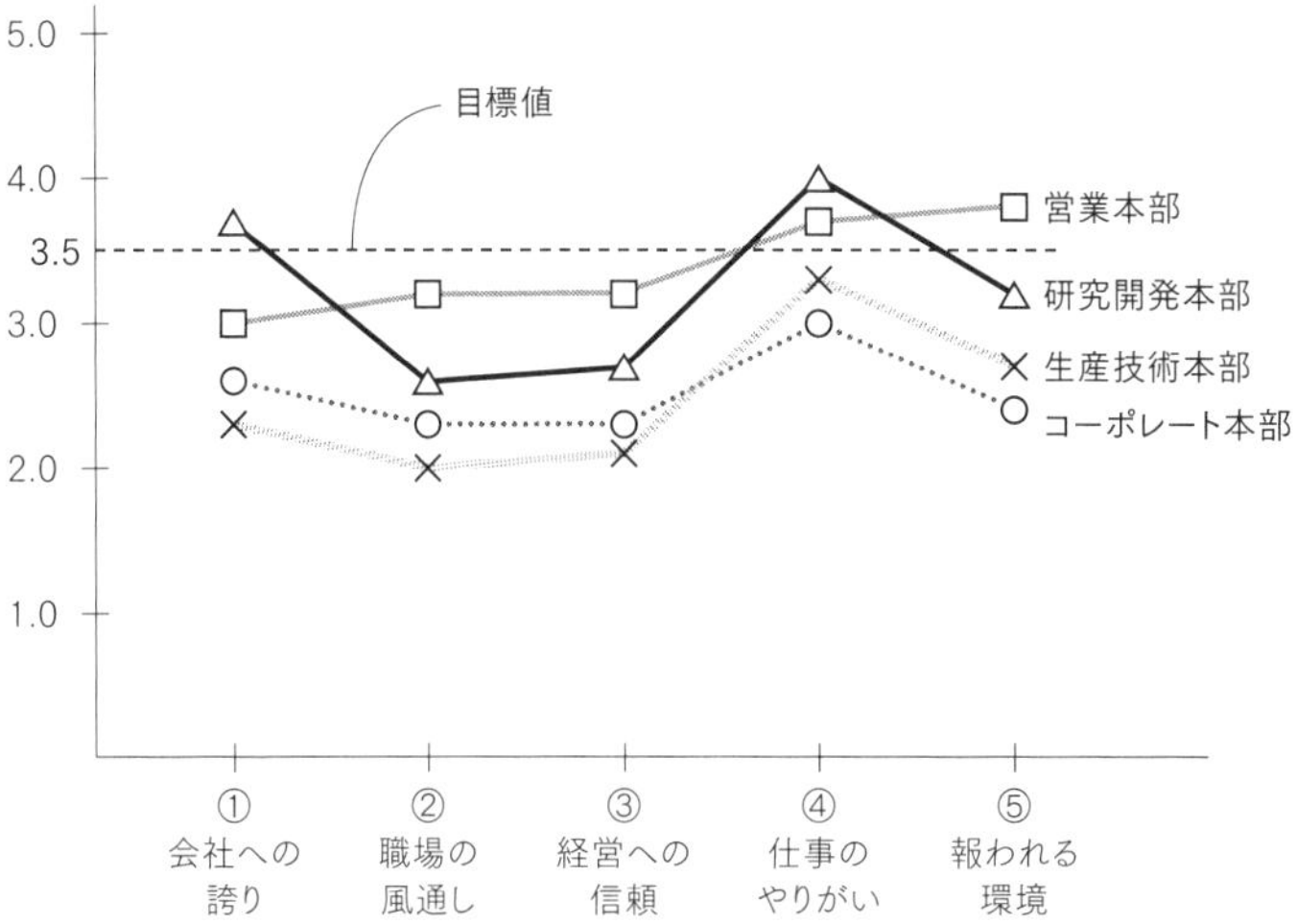

ルは、部長層までは浸透し、支持されている。だが、その下の層からは反発が強い。どうも製造現場の職長層あたりで意識の断層がありそうだ」といった仮説である。意識調査という「定量情報」と、インタビューという「定性情報」を組み合わせることで、より深い解釈となるだろう。

こうした事務局の仮説と、社長の肌感覚があっていれば、事務局への信頼度は一気に高まるだろう。現場回りをしているトップであれば、組織の現状に対する自分なりの肌感覚を必ずもっている。その肌感覚と事務局の仮説が異なっているようであれば、それはそれで、どこにずれがあるかを明らかにするチャンスだ。現状認識だけでなく、価値観や組織観をヒアリングする絶好の機会となるだろう。

経営への信頼度

従業員の意識調査における「経営への信頼度」という項目は、経営者にとって世論調査のようなものである。たとえば、**図7**のようなものである。この結果を気にする経営者は多く、株価と同じくらい数値をモニターしている方もいるほどである。

「経営への信頼度」という言葉に、ドキッとする社長もいるだろう。あるいは、ムッとするかもしれない。自分の経営手腕に対する評価と解釈するからである。しかし、「経営への信頼度＝経営者への信頼度」ではない。経営への信頼度には、直属の上司や所属部門長への信頼度も相当量、含まれている。つまり経営への信頼とは、直属の上司への信頼、部門長への信頼、経営陣への信頼の三要素から構成されているのである。

図7　経営への信頼度（サンプル）

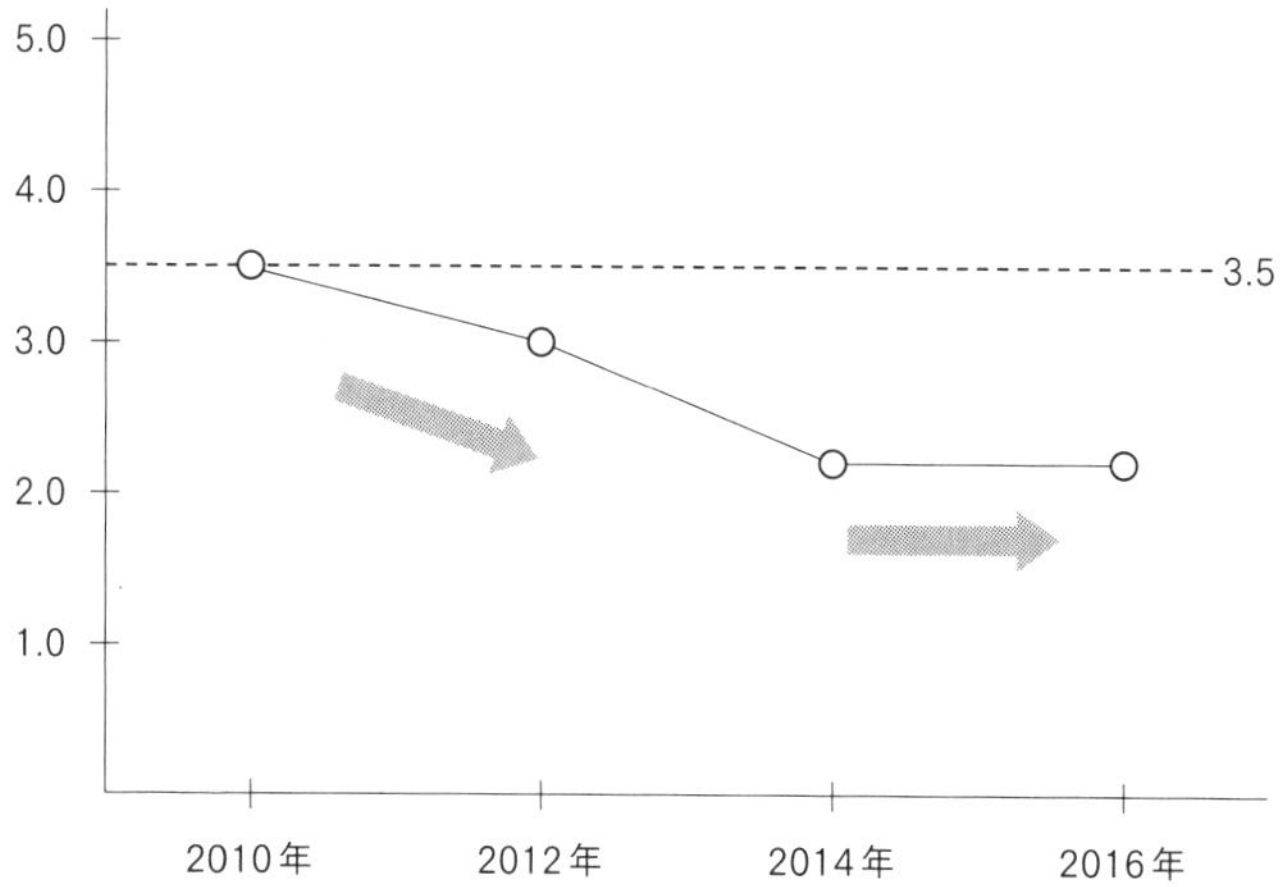

そして組織開発の肝は、この信頼の連鎖がどこで切れているのかという点にある。信頼の連鎖が切れている階層が、組織開発の一丁目一番地となるだろう（それは多くの場合、部長層である）。そういう意味で、「経営への信頼度」は、組織開発の本質を探るための、絶好の素材なのである。

若手社員と部門の活性度では、素材をもとに解釈を伝えることが重要だと述べた。「経営への信頼度」では、**図7**のようにデータで示したうえで、事前インタビューの内容を率直に伝えるのがポイントだ。「社長はうちの会社をどうしたいのか」「もっと社長の肉声が聞きたい」といった社員の本音は、データを裏づける材料となるだろう。

三つの「変化の兆し」を紹介した。ここで注意したいのは、事務局が「若手社員の動向」「部門別の活性度」「経営への信頼度」に注目するのは、経営陣の経営能力を評価するためではないという点だ。これらは組織に関する指標であり、組織の健全性を測り、「変化の兆し」を先取りすることが狙いなのである。

事務局は、労働組合ではない。あくまで経営側に立って、経営の想いを実現するために組織開発をおこなうというスタンスだ。悪い兆しがあるとしたら、それは、「トップのメッセージが伝わっていない」「トップの顔が見えていない」という類の話なのである。

社長であれ課長であれ、評価に対して人は敏感に反応し、誰でも防御反応を起こす。そのため、誤解を生まない伝え方が必要となってくる。結果の解釈については、断定的な表現をしないように注意したい。現実は複雑であり、仮説は仮説にすぎない。他に解釈はいくらでもあり、むしろ、多様な解釈のなかから現状に対する共通認識を作りだしていくことが対話の目的なのである。

解釈や仮説を伝える際は、「私には〜と見える」というような、私を主語にした語り（Iメッセージ）を心がけよう。それが対話の最後では、「私たちには〜と見える」（Weメッセージ）となる。「現状認識」を伝えるフェーズは、前述の「内面の循環」でいえば、事務局の「本音」に相当する。したがって、調査データやインタビュー内容だけでなく、自分自身が抱く感情も意識的に織り交ぜていこう。

「これは残念な結果ですが……」

「ここがいちばん悔しいのですが……」

といった表現である。社長が抱くであろう心情とシンクロさせていくことで、少しずつ共通の感覚を醸成し、社長の「本音」を引き出すのである。

4 ステップ② リスクシナリオを提示する

社長　業績好調の一方で、職場は疲弊感と先行きへの不安感に満ちている……か。

この結果を見ていると、「仕事のやりがい」「報われる環境か」の数値がかなり落ち込んでいる部署もあるな。これらの数値は、「職場の風通し」と強い相関関係にあるように見えるが。

職場に活気がないから、仕事の手ごたえが感じられず、成果もあがらないので、報われる感じがしない。そういうロジックなのか。いや、待てよ。活気があっても、やりがいの数値が低い部署もあるなぁ。これはどういうことなんだ？

井口　意識調査から、我々は現場の疲弊感と先行きへの不安感を読み取りました。特定の部署では、どうせ言っても無駄だといった、あきらめ感もあるようです。

現場はどこも多忙感に満ちています。とはいえ、活性度や満足度の数値を見ていくと、多忙感が「やりがい」になるか、それとも「疲弊感」になるかの分かれ道が、どうやらあるようです。これは、あくまでも仮説ですが……。

多忙感がやりがいにつながるのか、あるいは疲弊感となるのか。その分岐点は、「孤立感」ではないかと思う。一体感の強い職場では、相互の支援や共通の達成感があるため、多忙感が個人の働きがい・やりがいを生み出しやすい。それに対して、一体感の弱い職場では、個人が分断されており、相互の支援がなく、達成感も得づらいので、疲弊感を生み出しやすいのではないか。

また、ある会社の調査結果では、「先が見える」という回答と「仕事にやりがいを感じる」という回答には高い相関関係があった。事業の方向性はもちろんだが、個人のキャリアパスが見えていて、職場に一体感があり、自分の居場所があるという感覚があれば、仕事のやりがいを見出しやすいのではないだろうか。

反対に、先が見えず、孤立しがちな職場では、疲弊感が蔓延する。これをそのまま放置すれば、業務上の過失のみならず、過度な目標設定が引き金となって不正行為が生まれる土壌が形成されていくだろう。

従業員の意識調査を踏まえて、事務局には、「このままいくと、どうなってしまうのか」というリスクシナリオを語ってほしいのである。もちろん厳密である必要はなく、ごく感覚的なものでかまわない。たとえば、コンプライアンス上の不正問題である。大手電機メーカーの決算粉飾、大手自動車メーカーの燃費不正、大手鉄鋼メーカーの品質虚偽……。現場は、できないことがわかっていても、できないとは言えない。物事がストレートに言えない。上司に「ノー」と言えない。そうした組織には、さまざまな事情が絡みあって、とても口には出せないという空気がある。問題は先送りにされ、どこかのタイミングで露見する。こうしたリスクシナリオが語られることで、社長の脳裏には、よぎるものがきっとあるだろう。

加藤　先日、ある経営者の方から、「経営の振り子」というお話をうかがいました。経営には、大きく言えば戦略論と組織論の二極がある。トップ経営者は、状況を先読みして、この二極のあいだを大きく振り子のように振って経営するのだ、と。

大企業は組織の規模が大きく、トップが方向を変えようと思っても、すぐには変えられない。面舵《おもかじ》一杯！　と舵を切っても、なかなか針路が変わらない巨大タンカーのようなもの。だから、大組織の方向性を打ち出すとき、トップは極端に大きく振る。そういうお話でした。

今回の意識調査や、退職者数の推移を踏まえて、組織に対する社長の大局観を聞かせていただけないでしょうか。

社長　そうだな……。ようやく不採算事業には目途がついた。会長から社長をやれと言われたときには、正直、貧乏くじを引いたと思ったよ。みなには本当に無理をさせたが、事業の底は打ったと思う。ここからは攻めに転じたい。

しかし、どうもうちの組織は、上からの指示待ちのままだ。自分から何かを仕かけるような気概がない。余計なことをして失敗したくないのだろう。社長のポジションにいると、真水の情報しかあがってこない。俺は泥水の情報が欲しいんだ。泥水の情報をいっしょに聞いて、気概のある人、やる気のある人には、よし、やってみろと言いたい。

戦略の組み直しに手一杯で、組織にまでは頭が回らなかったというのが、実は正直なところだが……。少し組織を揺さぶって、面白いことを言いだすヤツがいるか、仕かけてみるか。組織に刺激を与えて、この体質を変えていかないと、次の成長ステージには行けないからな。

図8　経営の振り子

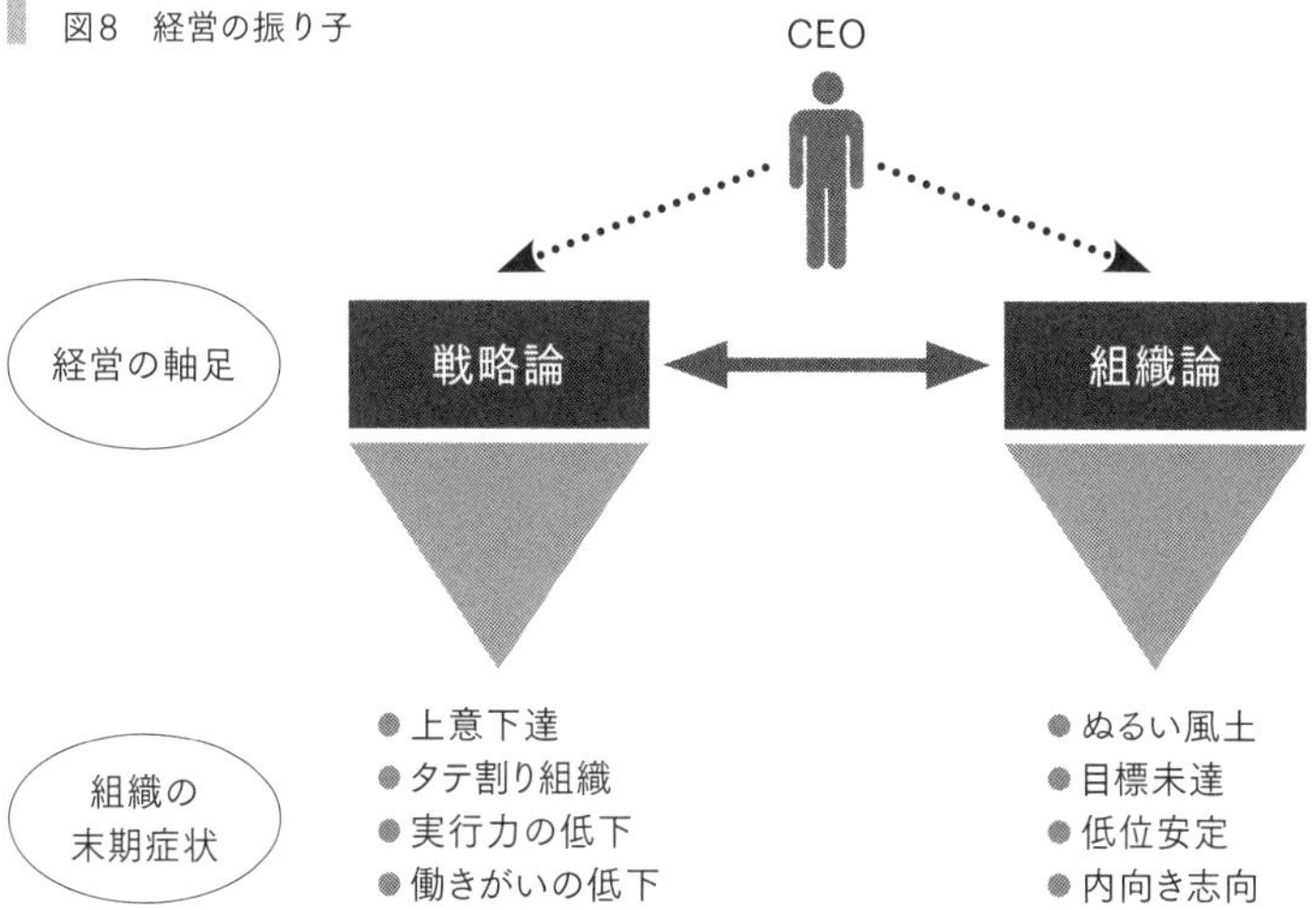

事務局が本音で「現状認識」「リスクシナリオ」を述べたあとは、社長が本音を語る番だ。そのとき、何か喩えを使うと、社長は本音を語りやすくなるだろう。「現状認識」では、意識調査の結果という対話の素材があった。それがあることで、解釈を述べあうことができ、本音が浮かび上がった。「リスクシナリオ」も同じだ。喩えが素材となり、相手と自分が考えていることは、何が違って何が同じなのかが明確になるだろう。

図8を見ながら、「経営の振り子」について補足したい。「軸足」が戦略に偏ると、ある段階から組織は変質し、社長の内面には次のような問いが発露してくる。

「このままいくと、どうなってしまうのか。上意下達の文化が目立ちはじめる。上からの無理な要求にもＮＯと言えない。部分最適に走ってしまう。組織としての連動や連鎖も弱くなってしまう。若い世代を中心に、やりがいや働く目的が失われ、退職者や休職者がじわりじわりと増えていく。……このままでは、実行力が低下してしまい、業績悪化の根本原因になりかねない。そろそろ、経営の軸足を、戦略から組織へと踏みかえるタイミングなのかもしれない」

もちろん、組織に偏りすぎても、ある段階から弊害が生まれてしまう。経営者は、事業軸と人軸の両方を俯瞰しながら、経営の舵取りをしている。これが、社長の大局観だ。ただ、会社の末期症状に気づいても、今が切り替える時機なのかどうか、葛藤や迷いが当然ある。その意思決定を刺激するのが事務局であり、そのためのアプローチとして、こうした喩えは有効だ。

「経営の振り子」に加えて、もうひとつ私がよく使っている喩えが、神戸大学の原田勉教授の「ダイナミック組織」だ。**図9**をご覧いただきたい。ダイナミック組織とは、「組織の共同体化」と「共同体の組織化」の円環運動によって組織は機能するという考え方である。組織には、特定の目的を達成する「機能集団」の側面と、帰属意識や一体感があふれる「共同体」の側面がある。タテの方針とヨコの連帯感が合致すれば、日本の組織は無類の力を発揮することに原田教授は着目した。ダイナミック組織を例にとると、組織開発とは「組織の共同体化」といえる。

オーナー経営者やカリスマ経営者でないかぎり、いきなり本音を語ることは少ないだろう。特

図9　円環運動としてのダイナミック組織

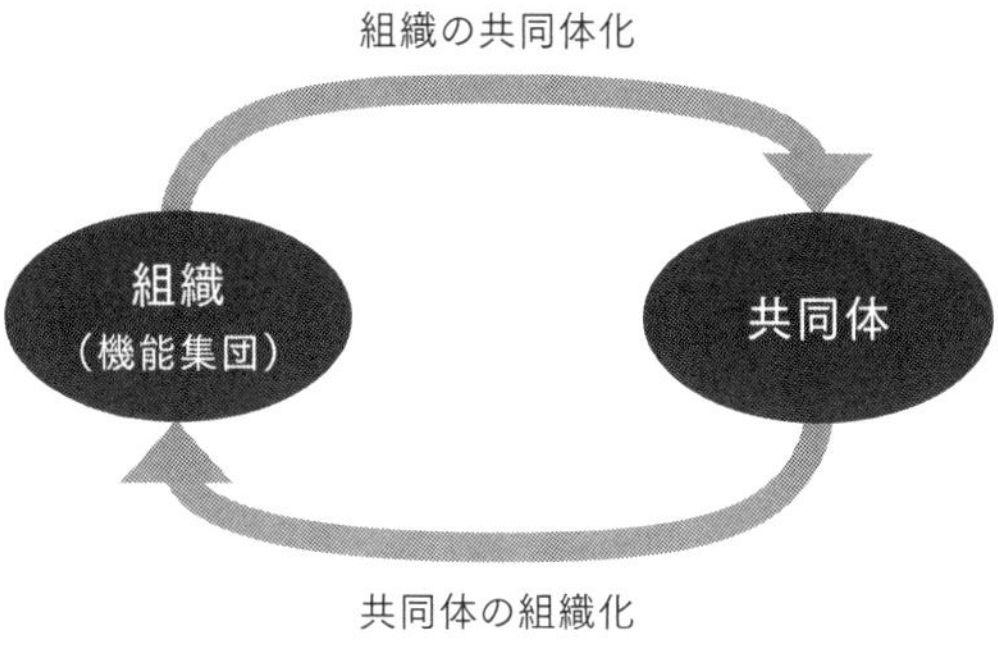

原田勉『イノベーションを巻き起こす「ダイナミック組織」戦略』（日本実業出版社、2016年）を参考に筆者が作成

に技術畑出身の経営者は、感情を主観的に語るのがあまり得意でない人もいる。なぜなら、

「どのレベル感の話をすればよいのか」
「どこから語りはじめればよいのか」
「どこまで話してよいのか」

がわからないからだ。

こうした場合、経験のある組織コンサルタントがいれば、他業界・他社での組織開発の事例や、「1on1」のエグゼクティブ・コーチングの事例を紹介することで、本音を語るのが不得意な経営者もかなり語りやすくなるだろう（もちろん、守秘義務があるので、許可のないかぎり、会社名や個人名を開示することはない）。

それ以外にも、経営者が本音を開示するためのスキルとして、コーチングやメンタリングに基づいた手法がいくつかある。だが、万能のスキルなどない。原則をおさえておくことが、事務局にとっては重要だ。すなわち、事務局の「主観」とコンサルタントの「客観」という二つの視点に揺さぶられることで、経営者は「本音」を語り始めるということである。

現場を知る事務局の主観的視点と、他社を知るコンサルタントの客観的視点の両方が揃って初めて、経営者が語る場が整うのだ。そういう意味で、社長との対話では、事務局とコンサルタントが役割分担して、バランスよく対話の素材を投げかけることが、きわめて重要となってくる。

5 ステップ③　組織課題の本質を見極める

井口　組織の活性度、従業員の満足度、退職者数の推移……問題は山積みです。ですが、問題の本質は、「経営への信頼」ではないかと考えています。

社長　それは……俺に経営能力がないとでも言いたいのか？

井口　いえ、社長の批判をしているわけではありません。社長ご自身は、何度もメッセージを伝えようとしている。だが、現場にその真意が伝わっていない。さらには、現場の声も、経営陣にはなかなか伝わらない。

つまり、組織のどこかに断層のようなものがあり、それが「どうせ何を言っても無駄」というような、ある種のあきらめ感を生んでいるように私には思えるのです。

トップは伝えているつもりだが、現場には伝わっていない。「伝える」と「伝わる」は一字違いだが、組織開発の現場で、よく直面する現象である。

たとえば、「残業時間を減らそう」とトップから号令がかかる。しかし、役員・本部長から降りてくる仕事の量は変わらない。現場はなんとか上司の要望に応えて資料を作成するが、上司はなかなか判断をくださない。「本当にこうなのか」「他に情報はないのか」と、次々に追加資料を求めてくる。仕事のやり方を見直せと言いながら、仕事のやり方を変えさせない構図があるのだ。玉の出どころ（役員・本部長）を押さえないかぎり、仕事は減らず、労働時間は一向に改善されない。トップのメッセージが、事実上、役員・本部長たちによって骨抜きにされてしまっているのだ。対応に走りまわる部長や課長を見ている、部下たちの冷めた眼があることを忘れてはいけない。

組織開発とは、「適応課題」に取り組むことである。現場だけに「何とか工夫しろ！」と言って解決させるような「技術的問題」とは異なる。課題を一掃してくれるような解決策はどこにもない。問題に本気で取り組むなら、当事者全員が、自分自身の問題として向きあう必要があるのだ。課長の問題の原因は課長だけにあるのではなく、部長にもある。部長の問題の原因は、役員・本部長にもある。役員・本部長の問題の原因は、社長にもある。すべての当事者が、意図せぬ共犯者になっているのだ。

組織における適応課題を「経営への信頼」という視点で捉えなおすと、より課題が鮮明になる。

組織課題とは、組織のメンバーの誰もが、実は潜在的に気づいている課題だ。気づいていながら、誰も表立って課題として取り上げようとしない。

若手・中堅層は、「上が変えてくれない」「上が変えないと言うだろう」と言う。

一方、部長層・役員・経営トップは、「下が問題を上げてこないと判断できない」と言う。要するに、お見合い状態なのだ。そして現場には、

「自分たちでは変えられない」

「どうせ上に言っても無駄だ」

というあきらめ感が蔓延していく。その結果、組織の活性度が落ち、メンタル疾患が発生し、会社を見限った若手の離職者が増えてくる。

この負の連鎖を断ち切るには、誰かが「もう止めにしよう」と声をあげなければいけない。そして、こうした声をあげようとしている人は、どんな組織にも一定数、存在する。だが、「声をあげても大丈夫だろうか?」という不安が、彼らの足かせとなっている。「自分の声を経営が受け止めてくれる」という信頼が揺らいでいるから行動できないのだ。この事実を、経営トップ以下のマネジメント層が真摯に受け止め、信頼を育めるように自分を変えられるか。これが、組織課題の核心なのである。

そして「信頼」というテーマに対峙する必要があるのは、事務局も同じだ。意識調査の裏どり

のためにインタビューに行くと、現場から冷ややかな反応が返ってくることも多い。

「またヒアリングかよ。これまで何度も受けてきたけど、何も変わっていないぞ。どうなっているんだ、管理本部は！」

意識調査の数値が悪い会社には、「経営への信頼」と同様に、現場から離れている経営企画部や人事部も、現場からあまり信頼されていないケースが多く見られる。事務局自身も、この「信頼」というテーマに向きあう必要があるのだ。人に「変われ」と言いながら、自分は安全なところに身を置いている人の話に、誰が真剣に耳を傾けるだろう。

こういう場面に遭遇したときは、そのことを率直に社長に伝えてみてほしい。すると、ある種の一体感が生まれるだろう。自分たちも「信頼」を取り戻すために、この会社を何とかしたい。信頼に包まれた、やりがいにあふれる組織をつくりたい。そうした事務局の「本心」は、社長の気持ちを揺さぶる。「経営への信頼」という言葉に対する社長の防御反応をほぐし、本質的な課題を直視するようになる。さらに、社長の「本心」を引き出すことにもつながるだろう。

6 ステップ④ 組織開発のプロジェクトを提案する

井口 経営への信頼を取り戻し、トップのメッセージを浸透させ、そのメッセージを体現する変革人材を生み出す。私たちは、来年の中計を見据え、一年がかりで「組織開発」のプロジェクトを実行したいと考えています。それは、社長から始まり、役員、部長、課長へと想いをつないで、各層が組織の課題を自分の問題として捉える試行錯誤のプロセスです。

社長 組織開発……想いをつないで自分ごと化する……試行錯誤のプロセス……。少しぬるくないか？ 結果がよくわからんものに、また金を使うのか？ コンサルには、これまで随分と高い授業料を払ってきたよな。それとこれ、一体なにが違うんだ？本当に、これで競合に勝てるのか？

認識が共有され、社長の肌感覚と事務局の仮説のすりあわせがおこなわれた。そのあとは、いよいよ組織開発のプロジェクトの提案である。「社長、役員、部長、課長へと想いをつなぎ、各層が組織の課題を自分の問題として捉える試行錯誤のプロセス」。一見、生ぬるいようにも見える。だが、これは日本企業の特性を踏まえた、きわめて現実的なアプローチなのである。

組織に対する社長の想いを起点にして、まず働きかけるのは役員・本部長層である。第1章で述べたように、日本企業の特徴は、強固な階層組織となっていることだ。各階層のコンセンサスを特に重視するため、社長の次は、役員層を押さえる必要がある。部長層以下に展開していく際に、役員層にこんな言い訳をさせないためである。

「俺は聞いていない」

「どうせ思いつきだろう。しばらく様子を見ていればいい」

「言い訳をさせない」とはまさにその通りで、役員層に期待するのは「本気（コミットメント）」の前に、まず「合意（コンセンサス）」である。というのも、役員みずからが組織変革に乗り出すことはほとんどない。経営トップから始まった変革の機運を絶やさず、組織内に醸成させることが彼らの役割である。つまり組織開発の主人公は、部長層となる。事務局ならびに社長、役員層は、部長たちにトップのメッセージを伝え、その意図を自分の部門で実現できるように支援するのである。管理するのではなく、支援する。発想の転換だ。

その後は、経営サイドの支援によって自ら動き出した部長を、さらに踏み込んで支援していく。社長の想いを受けとめた部長の想いが、課長や課員に伝わるよう支援し、課長主体の試行錯誤を支えるのである。事務局は、現場で始まった小さな試みや提案を束ねて方向性を作り、他部門にヨコ展開していく。まさに、ハチが花畑を飛び回って、受粉に協力するようなイメージである。

整理すると、社長、役員・本部長は支援者であり、部長・課長が実行者である。そして、支援者と実行者を結びつけるのが事務局の役割である。この構図において、決定的な役割を果たすのが部長だ。彼らこそ、現場の情熱と経営の想いをつなぐ存在といえよう。そういう意味で、私が組織開発のプロジェクトをおこなう際は、部長層が「組織開発の一丁目一番地」と捉えている。経営トップから始まった組織に対する想いを、部長たちが自分自身の言葉で語りなおし、課長と協力しながら取り組みを徐々に広げていく。これが、組織開発が現場で展開されていくイメージである。

実際に部長層に働きかけていくと、この動きに反発する部長や、関心を示さない部長もいるだろう。それはそれでよいのである。まずは社長の想いに共感する役員・部長・課長・課員をつないでいけば、ある時点で閾値（キャズム）を越えて、無関心層が真似をはじめる。新商品の普及プロセスと同じイメージだ。

このように説明すると、社長が言い放った「ぬるさ」は、少し拭えるかもしれない。しかし、プロジェクトの概要資料などを見せながら上記のように提案したところで、一発で社長ＯＫとは、まずいかない。「うーん？」という、可もなく不可もない反応が返ってくるのがほとんどだろう。それもそのはず、ほとんどの社長は、この場で初めて「組織開発」という言葉を耳にするからである。「うーん？」という反応は、まだいいほうかもしれない。私はある著名な経営者から、こう言われたことがある。

「これで、勝てるのか？」

鋭い眼光から発せられる気迫に負けて、当時の私は何も答えられなかった。グローバル市場を勝ち抜き、二十年近くトップ経営者を務めている方からすれば、対話、想いをつなぐ、さらにOrganizational Development（組織開発）という横文字に、生ぬるさを感じたのだろう。企業経営はそんなに甘くはない、という反応だ。

こうした場面で事務局はどうするか。ここで本気度が問われるのである。

井口　確かに、ぬるく思われるかもしれません。ですが、組織の活性度や満足度の低下は、意識調査の数値が物語っています。年を追うごとに、働きがいや一体感がなくなっています。これは競争力の低下を示しているのではないでしょうか。社長、お言葉ですが、このままで勝ちつづけることができるのでしょうか？

（一瞬の沈黙）

社長　組織開発プロジェクトがどんなものか、もう少し説明してくれないか。

井口　もちろんです。わが社はこれまで、人や組織の問題は、個別人事と制度変更、ときに集合研修で対応してきました。ところが、現場は何ひとつ変わりませんでした。というのも、私たちは、これまでの成功体験や慣れ親しんだやり方から一歩も抜け出すことができなかったのです。そのうえ、毎日やらなければいけない仕事であふれています。こんな現実を前にして、私たちは「変わりたくても変われない」のではないでしょうか。

組織開発とは、私たちがこれまで培ってきたもののなかで、何を残し、何を捨てるかを見極めることです。そして、何を新しく創るかを試行錯誤しながら見つけて、実現していくことです。これこそ、いまのわが社にとって、さらに十年後、二十年後のわが社にとって、不可欠なことではないでしょうか。私たちは、組織文化を、わが社の新しい競争力にしたいのです。

「これで、勝てるのか?」というあの経営者の問いに対して、いまの私であれば、「では、このままで勝ちつづけることができますか?」と答えるだろう。

さて、社長が本気になるには、あらゆる力を尽くして、事務局の本気を示さなければならない。どうすれば本気が伝わるか。それは、あなた自身の言葉で話すことだ。もう概要資料に目をやる必要はない。意識調査や退職者の推移は脇に置こう。

対話が始まって数十分。本音を語りあった、いまこの瞬間。自分が組織をどう思い、どう変えていきたいかを包み隠さず話すこと。これがすべてである。誰のものでもない自分自身の言葉が、心の底から突き動かされて発せられる。社長は、これを待っている。本当に組織のことを思い、考え、何とかしたいと願う真の当事者にだけ、本気の言葉は宿るのである。

これまでいくつもの組織開発のプロジェクトに携わってきたが、最も心が震えるのが、事務局の本気が語られる、この瞬間だ。この人と仕事ができてよかった、この会社に出会えてよかったとさえ思う。私も事務局の一員であるが、これは、その組織の一員でなければできない仕事なのである。

7 ステップ⑤ トップの想いを引き出す

井口 改めてうかがいたいのですが、社長はこの会社を、どうしていきたいとお考えですか？ 先日の経済誌の記事では、「総和の経営」という言葉を使われてましたが。

（長い沈黙）

社長 任期六年のうち三年間は、事業ポートフォリオの組み換えに必死だった。好業績がつづいているのは、それが一応はうまくいったということなんだろう。だが、この意識調査の結果はショックだった。過去三年にわたって、数値が見事に下がりつづけている。これは、従業員からの赤点の通知表だろう。誰も口には出さんが、経営者としては半分、失格なのかもしれない。さらに痛恨だったのは、先月、現場まわりで研究所に行ったときのことだ。ここも退職者が増えている部門だ。研究員に話を聞くと、同期で仲が良かった同僚が、「ここには夢がない」と言って辞めていったそうだ。夢がない！ 社員が夢を抱けないなんて、こんな悲しい話があるだろうか。どんな事業も、最後は人だろう。どんなに戦略が一流でも、それを実行するのは組織であって人だろう。組織や人が疲れ果て、不安で元気がない会社が、はたして生き残れるだろうか。いや、だめだな。やがて息絶える。

これから三年間、自分はこの会社で何ができるか、何がしたいか。頭に浮かんでくるのは社員一人ひとりの顔だ。彼らに、「ここには夢がある」「こんな夢を実現したい」と胸を張って言ってほしい。そういう会社にしたい。いや、自分はそういう会社だったから、この会社に入ったんだ……そんなことを最近考えていたところだ。ハハ、私こそ、ぬるいかもしれんな。


誰にどこまで自分の想いを話すべきか、社長は慎重に見極めている。責任ある立場であるから当然だ。目の前に座っている事務局の面々に、このプロジェクトを任せても大丈夫だと判断したときに、社長は自分の想いを語りはじめるだろう。

ここで重要なのは、社長自身のエピソードである。それは象徴的な事例であり、組織開発のプロジェクトの旗印となるキーワードが含まれていることが多い。先ほどの対話では、「ここには夢がある」という言葉がキーワードのひとつだろう。

ある大手素材メーカーのCEOのインタビューから、思わぬ言葉が出てきたことがある。「人の心に火を灯す」という言葉である。これまで組織人としてさまざまな上司に仕えてきたが、ある部長のことが忘れられないと言うのである。「その部長が、当時の僕の心に火を灯してくれたんだ」と、遠くを懐かしく見つめるように語る姿が印象的だった。その後、そのメーカーでの組織開発プロジェクトでは、「人の心に火を灯す」が合言葉となった。

井口　社長、ぬるくなんかありません。私は熱いです。夢を語りあえる、実現できる会社にしたいです。いまの話、社長の想いを、会社の全員に伝えたいです。

社長　いや……いまの話は、この場だから話したんだ。つい感情的になってしまった。こういう話を、公の場で話していいものだろうか。私の人生観など、誰も聞きたがらないんじゃないか？

事務局の本気が社長に伝わり、それによって社長の想いが語られる。できすぎた話に思えるかもしれないが、こうした瞬間をこれまで私は何度も目にしてきた。こういう場面に遭遇すると、「加藤さん、社長からあんな話を聞けるとは思ってもいませんでした」と、事務局のメンバーは興奮気味に語る。だが、その思いを引き出したのは、ほかでもない事務局の本気である。

ここまで来たら、あと一歩だ。社長との対話の最終局面においてハードルになりやすいのが、「組織を語ることのためらい」である。ここでも、日本企業に独特の階層意識が働く。役員、本部長、部長は、それぞれの組織観で部門を管轄している。経営トップからすれば、各層の管理職を束ねている彼らへの配慮があるのである。

また、組織を語ることは自分を語ること、といっても過言ではない。先ほどの対話のように、そこには人生観のようなものが色濃く出てくる。そうした個人の哲学を人前で語ることに抵抗感をおぼえる日本の経営者は多い。

しかし、トップが組織への想いを語らなければ、他に誰が語るのだろうか。混迷の時代、先が見えない時代だからこそ、経営トップには、自らの言葉でビジョンを語ってほしい、いまの率直な心境を語ってほしい。そうした潜在的な欲求が、組織には根強くある。それを支援するのが事務局なのである。

最後の一押しとして、社員インタビュー時のコメントを、ここで繰り出すとよいかもしれない。「社長はうちの会社をどうしたいのか」「もっと社長の肉声が聞きたい」といった現場からのリアルな声は、社長の心の琴線に触れるだろう。

8 トップの想いを社内に発信する

井口　社長が組織を語らずして、誰が組織を語ればいいのでしょう。みんな、社長が組織の現状をどう思っているのか、社長の本音を聞きたがっています。肩書や立場を気にせず、会社をこうしたいと誰もが言いあえるようにしましょう。部門や職種の壁を超えて、一体感と信頼感あふれる会社にしたいんです。そのための第一歩を踏み出していただけないでしょうか。

社長　……本気なんだな？　……わかった。経営フォーラムでも社内広報でも、メディア対応でも、話してみよう。だが、そのあとはどうするんだ？　私が話すだけでいいのか？

井口　まずは発信に注力しましょう。ただこの取り組みで重要なのは、想いをつなぐことです。いまの社長の言葉を、次は役員のみなさんが自分の言葉で話すようになり、その次に部長、課長と、想いを連鎖させていくことが大切だと思います。

社長の本気が確認できたところで、ここでの対話は終了となる。対話のプロセスを意識して、内面の循環を生み出し、社長も事務局も本気を発露することができた。ここで一息つきたいところだが、事務局はすぐにメッセージ発信に着手する必要がある。

恐らくあなたの会社でも、社長が社内向けに、事業戦略やテクノロジーについて話す機会があると思う。そういった場で、しばらくは組織をテーマにするとよいだろう。さらに社内の広報誌、メディアからの取材でも、組織について意識的に話すようにする。「社長が組織づくりに力を入れはじめている」と社内の注目度を少しずつ高めていくことが狙いだ。

組織開発のプロジェクトのキックオフ・イベントとして、私はこれまで「社内経営フォーラム」と呼ばれる企画を実施してきた。社内経営フォーラムとは、経営トップが全社員に向けて直接、自分の想いを発信する場である。ここで興味深いのは、トップの想いにまず反応するのが、若手層。一方で反応が鈍いのは、部長層である。批判や妨害などのわかりやすい抵抗もあれば、とりあえず様子見という無反応の抵抗もある。

社内経営フォーラムや、次章で紹介する役員合宿をおこなうと、反応の薄い階層が徐々にあぶりだされてくる。まず若手層が共感する。次に役員層が合意する。サンドイッチのように、組織の上層と下層に向けて施策を打っていくと、必ずどこかで岩盤層、あるいは粘土層に遭遇する。これまでの経験上、それが部長層であることが多いのである。彼らに対する働きかけは、第4章で詳しく見ていこう。

トップ・メッセージの発信に注力するのは、最初の二〜三カ月である。その後は、プロジェクトの進捗を注視しながら、新展開のエピソードや小さな成果を適宜取り上げるなどして、トップからの発信は継続していく。

初期の発信フェーズの仕上げとなるのが、役員合宿だ。役員陣がトップの本気を確信し、組織の問題を「自分ごと化」しなければ、組織開発の機運は醸成されず、部長や課長や課員といった現場レベルの変化も生まれない。したがって役員合宿の目的は、役員陣が問題を自覚することである。

あえて合宿（一泊二日を想定）としているのは、職場から離れた非日常の場で、じっくり時間をかけて対話することが重要だからだ。トップミーティングや方針説明会と称して、本社の会議室やホテルの会議場で、半日で終わるプログラムを行っていた時期もあった。だがほとんどの場合、本音の対話は生まれず、トップの想いが肚落ちしないまま、参加者たちは会場をあとにしていた。役員一人ひとりが自分の前提や見方を見つめ直し、問題を自覚するための環境づくり（場所や時間）も、事務局にとって大切な仕事なのである。

役員合宿の参加者のほとんどは、経営会議の参加者でもあり、今回の意識調査について共有ずみの人たちである。しかし今度の相手は一人ではなく複数人で、組織に対する考え方も十人十色。彼らに対して、事務局は何を考え、どう行動すべきか。それを次章で考えてみよう。

組織コンサルタントとの対話

第1章
事務局は
まず何をすべきか

社長との対話

第2章
経営トップは
どうすれば本気になるか

役員との対話

第3章
変革の機運は どうやってつくるか

部長との対話

第4章
現場のアクションに
いかにつなげるか

自分との対話

第5章
組織開発は
どうすれば自走するか

1

役員一人ひとりの考えを探る――事前インタビュー

井口　先週の経営フォーラム、立ち見が出るほどの大反響でした。こんなに人が集まったのは久しぶりです。社内の行事には顔を出さない同期のやつが、「こういう本音の話が聞けるんだったら毎回行くよ」なんて言っていたくらいです。

でも……「よし、やるぞ！」という雰囲気には、まだほど遠い感じがしますね。警戒しているというか、傍観しているというか。

「現実はそんなに甘くない」

「とりあえず様子見だな」

という声も、実際かなり多かったです。前向きな人もいれば、傍観している人、抵抗を示す人もいます。

加藤　傍観が七割、賛成が二割、反対が一割。メッセージへの反応は、おそらくこれくらいの割合でしょう。賛成が二割は、健全な危機意識を持つ若手・中堅層が中心だと思われます。反対が一割は、シニア層が中心でしょう。つまり、「現況を変えたくない」「余計なことはしたくない」という考えや、「どうせ変わらない」というあきらめを強く持っているんです。でも大半の人は、そのどちらでもないと思いますよ。「とりあえず様子を見ることにしよう」と、風向きを読もうとしているはずです。

では、役員の面々はどうか。社長のイニシアチブをどう思っているか。これらを前もって知っておくと、役員合宿を効果的に進められます。そのためには、合宿の参加者に、事前インタビューを実施するといいでしょう。


「いま、うちの組織はこうなっているのではないか」

「私は、この会社をこうしたい」

社長がこのような想いを口にしはじめると、周囲の人には、どんな空気が生まれるか。

「何か始まるかもしれない」

「社長が新しいことをやろうとしている」

こうした期待が生じるはずだ。しかしこの段階では、メッセージの浸透度（肯定的な反応）は二〇％前後、というのが私の肌感覚である。

事務局は、かつての上司や同僚、同期などの人脈を駆使して、社内の反応を積極的に探ることが重要だ。社長のメッセージに反応しているのは、どの階層か、どの部門か。イベントのアンケートでは拾えない、若手・中堅・シニアの生の声を集めて整理しておくと、役員合宿で参加者を刺激する材料となる。

では、役員陣へのメッセージ浸透度は、どれくらいだろうか。事前インタビューの目的は、合宿参加者のスタンス（姿勢・立ち位置）を確認することである。社長のイニシアチブに賛成か、反対か、どちらでもない（無関心・傍観）か。もし反対の立場が強そうな人がいれば、合宿のなるべく早い段階で、反対する理由を語ってもらうことが重要だ。そうすれば、ここは本音をぶつけあう場であることが自然に伝わり、参加者のスイッチが入る。

事前インタビューでは、さまざまな意見が表明される。賛成であることを意図的にアピールする人もいれば、探りを入れてくる人もいる。経営の優先順位について、事務局に議論をふっかけてくる人もいるだろう。たとえば、「なぜいまなんだ？」と繰り返し問う場合、それは密かに抵抗を示しているのである。

人や組織のマネジメントについては、誰しも持論を持っている。「良い製品さえ出していれば、組織は勝手に活性化する」というように。すると、社長の想いに触れているだけに、事務局はそうした持論に反論したくなる。しかし、インタビューの目的は、あくまでスタンスを知ることである。なるべく多様な意見を聞き出すことに集中しよう。

事前インタビュー①

役員A——社長の考えに、私は大賛成だ。先代、先々代の時代で、うちの組織はすっかり上位下達になってしまった。言われたことだけをやる文化だな。いまはよくても、このままでは生き残れないと思うよ。上げ潮にのっているいまだからこそ、手をつけるチャンスなんじゃないかな。やはり社長は、そのことをわかっているんだ。

これは、社長の大局観と一致している。現状認識もずれていない。前向きで推進力がありそうだ。ただし、社長に対するアピールの側面もありそうなので、少し割り引いて考える必要がある。

事前インタビュー②

役員B——社長の気持ちはわかる。意識調査のことも頭に入っている。組織のことをちゃんと見てあげるのは大事だと思う。でも、どうもしっくりこない。なんでいまなのか。業績が良いときだからこそ、手綱をちゃんとしめないと。全社として取り組むことに反対はしないよ。まあ、経営としての優先順位の問題だからね。でもうちの部門としては、ちょっとタイミングが悪いと思うなあ。

社長と認識は共有しているが、解釈が異なっている様子。自分の部門を通じて全社を見ているが、その視点を広げる必要がありそうだ。一定の関心度は見てとれるので、合宿を通じて前向きに反転する可能性はあるだろう。

事前インタビュー③

役員C——社長もずいぶん熱心だよねえ。そんなにうちの組織は悪いのかなあ。うちの部門の若い連中は、自由に伸び伸びやってるよ。社長も任期後半に入って、少し焦っているのかな。それとも、事務局がたきつけてるんじゃないのか？

全体観がずれている。自分の盲点に気づいておらず、自分は組織マネジメントができているという慢心がある。裏で抵抗する可能性もあるので、注意が必要。

2

役員合宿の目的を明確にする——いつもの合宿との違い

井口　なるほど、持論を語り出す人か……役員の顔がいくつか浮かんできますよ。さっそく、インタビューのアポを入れることにします。で、これがうちの役員名簿です。海外常駐の役員三名を除くと、十八人ですね。

そろそろ合宿の日程とか参加者を決めたいところなんですが……参加してもらうのは、誰がいいでしょうか。なにか基準みたいなものってあるんですか？

加藤　役員は、組織の風土や文化を形作っている方々です。影響はとても大きい。ですから、来なくてもいい方は一人もいません。二十名くらいでしたら、全員が参加していただいて問題ありません。

もう一度、念を押しておきますが、今回の合宿の目的は、彼らが「社長は本気だ」と肌で感じることです。そして、組織の活性度や健全性の低下は、自分たちが生み出している問題なのだと自覚してもらうことです。ここで重要になってくるのは、やはり「対話」ということになります。

部長、課長をはじめとする部門のメンバーたちは、役員・本部長の言動を見ている。社長がどんなに情感を込めてメッセージを発信したところで、その思いが役員層、部長層、そして現場へとつながっていかなければ、組織開発は無力である。第1章で述べたように、「変わりたくても変われない」のである。

一般的な役員合宿では、事業や戦略をテーマにする。しかし今回の合宿で扱うのは、人と組織だ。戦略を実行する組織がどういう状態にあるのか、自分たちにできることは何かと、役員たちが現実を直視して、自分の責任を自覚することである。

しかし、事業や戦略と比べて、組織の活性度や健全性は、かなり主観的なものである。人によって感じ方が大いに異なる。そこで、従業員の意識調査の結果を材料に、社長のメッセージを入り口にして対話するのである。

対話がどんなものかは、「社長との対話」で、ある程度イメージできたと思う。ここでひとつ補足したいのが、対話は、議論や会話とは別物であることだ。**図10**（113頁）をご覧いただきたい。

議論は意思決定、会話はコミュニケーションが目的である。

一方、対話はその中間に位置する。AかBかを決めること（意思決定）でもないし、単なる交流（コミュニケーション）でもない。対話とは、お互いの認識、さらには認識の前提となる背景や経緯を共有し、お互いを理解して、新たな合意を形成する作業なのである。

根本原因を特定して、その解決策を考える問題解決モードではない。組織について話しあうときに問題解決モードになると、必ず犯人探しになる。そうなると、犯人とされた部門や人物が反発して、組織開発は前に進まない。

役員・本部長の人たちは、自他ともに認める実績を残してきた、問題解決のプロフェッショナルだ。どうしても、どちらの認識が正しいか間違っているかという議論の世界に入ってしまいがちである。必要なのは、問題解決モードではなく、問題解消モードなのである。あえて問題にフォーカスしない、問題を解かない。対話を通じて、お互いの認識の違いを認めあい、問題そのものを目的に置き換えていく作業を通じて、共通目的をつくるのである。

役員合宿の狙いは、役員同士での対話を通じて、全社レベルと各部門レベルで、組織の現状についての共通認識を醸成することにある。その過程で、役員陣は、組織の問題に自分がどう関与しているのかという、いわゆる「負の貢献」を自覚する。組織課題の「自分ごと化」だ。

そこで期待される効果は、役員陣の自覚をベースに、部長層以下が動きやすくなる機運を社内で醸成することだ。社長が変革の方向性を打ち出し、部長層は具体的な現場の変革プランを考え、実行する。そして役員陣の役割は、変革の方向性と変革プランをつなぐ、社内の「空気感」を作りだすことである。かつて、山本七平氏がその著書『「空気」の研究』で喝破されたように、日

図10　対話の位置づけ

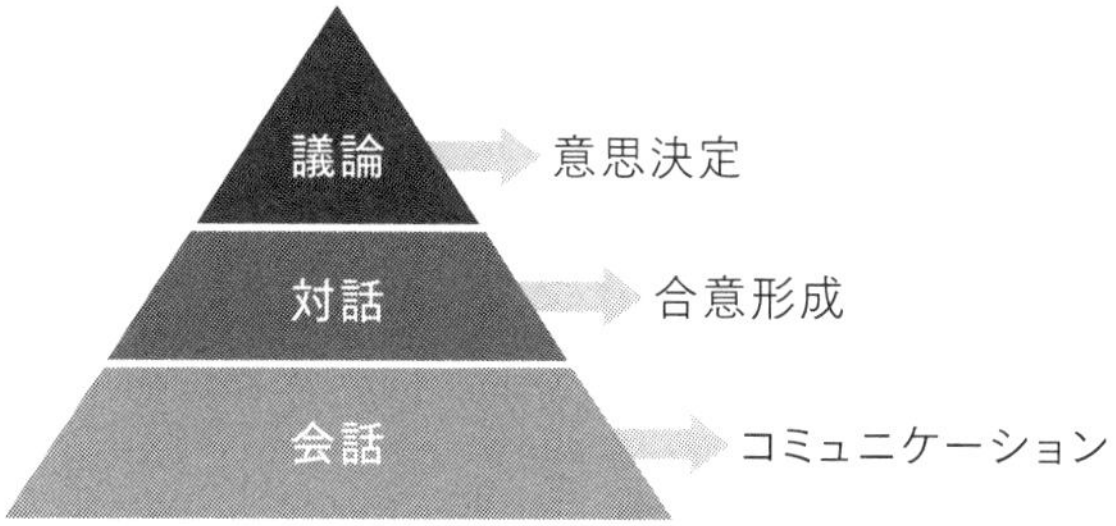

本の組織は、醸成された「空気」に流されやすい側面がある。役員陣が変革に対する前向きな空気を社内に醸成することで、部長層が考える実際の変革プランの実行力を向上させる。これが、組織開発プロジェクトを推進するうえで、鍵となるのだ。

3 役員合宿をプランニングする——事務局の役割と進行案

井口　これまでの役員合宿は、事業や戦略がうまくいっているかどうか、ひたすら議論してきました。社長との対話に出てきたような「本音」は、ほとんど出てきません。いや、むしろ「言い訳」や「先送り」ばかりで……わざわざ本社の会議室から離れて時間をとる意味があるのか、首をかしげてしまいます。

今回みたいに、組織の活性度や健全性を扱うなら、本音で「対話」しないと、当事者意識なんて絶対に生まれませんよね。それにしても……十八人で対話なんて、本当に可能なんですか。社長には、最初から入ってもらうんでしょうか。

加藤　役員のなかには、明確な序列があります。経営トップといきなり本音で対話するのは、執行役員や本部長にとってハードルが高いでしょう。ですから、対話の場面を三つに分けるんです。資料の**図11**を見てください。

対話①……執行役員・本部長同士の対話

対話②……執行役員・本部長と上級役員（専務・常務）の対話

対話③……執行役員・本部長と上級役員と経営トップの対話

まず執行役員・本部長同士でじっくり対話して、認識をすりあわせ、合意した内容を整理します。

次に、その内容を専務や常務などの上級役員に発表し、その内容につい

図11　役員合宿の構図

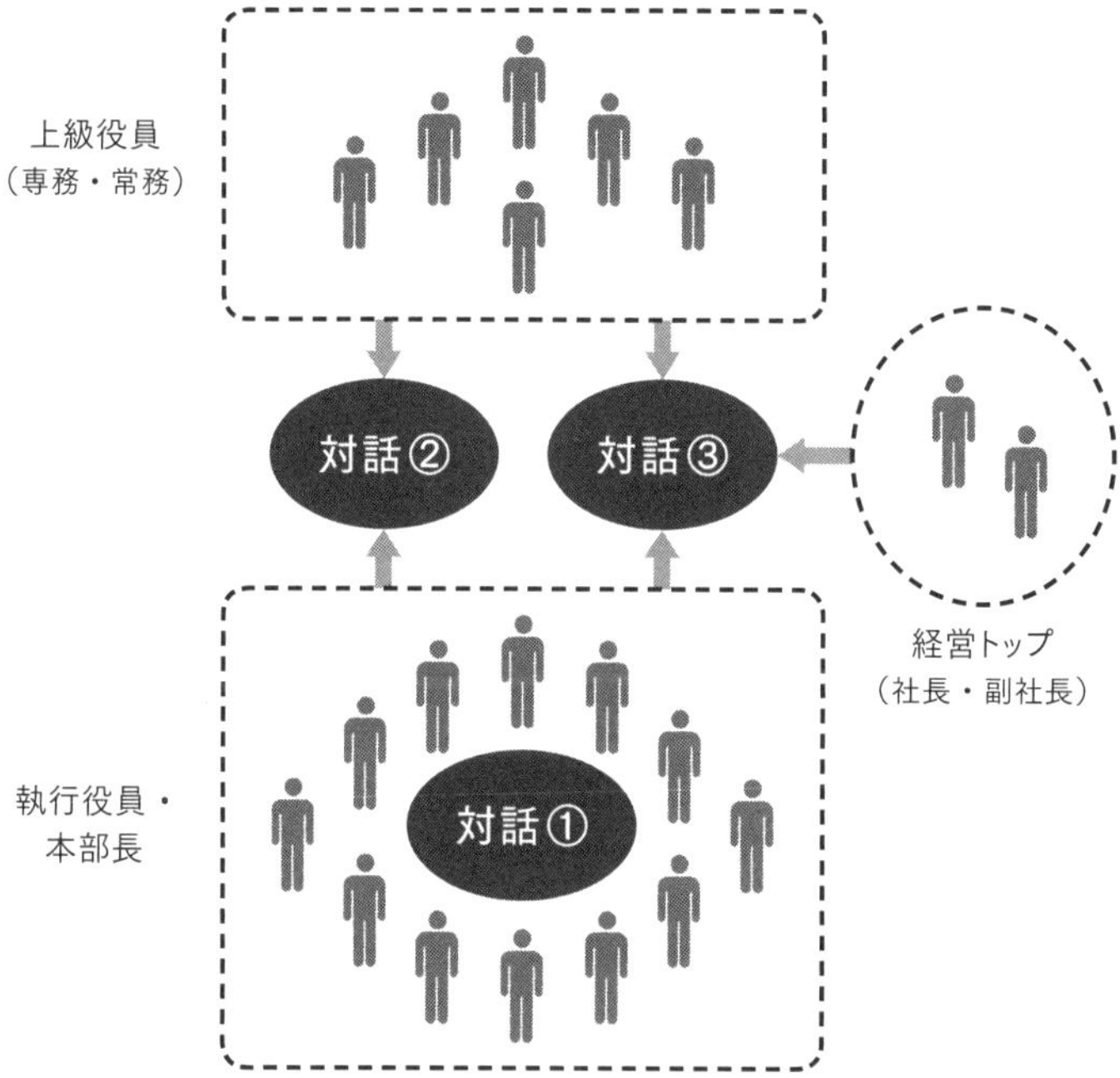

て対話します。

最後に、全員で対話する、といった流れになります。

対話の場では、社風ともいうべきものが、言葉や空気となって現れてくるでしょう。

そういうシグナルを、対話のなかから切り取って指摘することが、事務局の重要な役割でもあるんです。


この役員合宿の狙いは、組織の課題を参加者が自覚することにある。どこかの会社、どこかの部門の話ではなく、実際に自分たちの会社、部門で起こっていることとして、実感してもらうことが肝心だ。事前インタビューでは「様子を見てみよう」「うちの部門は大丈夫」と言っていた人たちが、「社長は本気なんだ」「うちの組織はこのままではいけない」と自覚する。そのための役員合宿なのである。

あとの事例で紹介するが、対話③（執行役員・本部長と上級役員と経営トップの対話）の場面で、その会社の文化や風土を象徴する出来事が起こる。その瞬間を逃さず、「Name it!（まさに、これですよね!）」できるかどうかが、事務局（ファシリテーター）の重要な役割である。その瞬間を指摘したときには、一瞬、場が凍りつくか、大爆笑が起こる。これこそ、組織の文化の正体が明らかになった瞬間だ。あるいは、自分自身も組織の問題の一部だったと自覚する瞬間でもある。同じ空間で、同じ時間を過ごし、同じ事象を目撃することが、当事者としての意識を生むために決定的に重要なのである。

事務局には食事や宿泊の手配といった裏方仕事もあるが、事務局も対話の場に参加する。部門の活性度の数値、退職者の推移、従業員の生の声などを、対話の材料として提供していくのである。あるいは、場を活性化するために、対話した内容について、一社員として感想を伝えていく。また、事務局の一人はファシリテーター（加藤）といっしょに前に立ち、合宿を進行させていく。研修とはちがうので、後方の席に座って内職をしながらオブザーブするといった形にならないよう注意したい。

事務局メンバーは、対話を構成する重要な要素なのである。特に、ファシリテーターが私のような外部の人間の場合、社内の用語の微妙なニュアンスを理解できないことがある。また、対話のプロセスの細かい部分に目が届かない場合もある。そうした際に、場のセンサーとして、気づいたことをファシリテーターに伝えるのも、事務局メンバーの重要な役割である。

役員や本部長の面々を前にすると、発言や指摘をためらう人もいるかもしれない。しかし、そもそも合宿の目的は、日常業務や日頃の人間関係からいったん離れて、本音で語りあうことだ。事務局メンバーの過剰な遠慮は無用である。メンバーの健全な危機意識、社長を巻き込むまでの本気度は、役員の面々を大いに刺激するだろう。

ただし、先ほどの「Name it!」を的確に行うには、豊富な経験と高度な技術を要する。社風や文化といった際どい話を当事者に指摘するのは、リスクも伴う。「何としても、自分が文化の正体を見つけ出さなければ」と気負う必要はない。そこは、外部の人間の知恵と経験を活用すればよいのだ。

ちなみに合宿の開催場所は、本社から離れた郊外の宿泊可能な施設がよいだろう。服装はビジネス・カジュアルが望ましい。また、対話の合間に少し散歩できるような、自然環境に恵まれた場所を選ぶとよい。開放的な場は、自己防御の反応を弱め、意識の転換を促す。こうした非日常の舞台装置は、本音の対話を生み出す力になる。

井口　私たちも対話に加わるんですか……自分たちは裏方だと思ってました。役員とは会議で顔を合わせるくらいなので、なんだか緊張しますねえ。事前インタビューで、少しは打ち解けられるといいんですが……そうだ、事前インタビューには加藤さんも同席してもらえますか。そうすれば、うちの社風も少しはつかんでいただけると思うんですが。

加藤　そうですね、同席しましょう。それと、今日は合宿の進行案を持ってきました。いつもの合宿と同じように、今回も一泊二日でよいと思います。では、**図12**（120頁）

と**図13**（121頁）を見てください。

執行役員・本部長同士による対話①が、一日目から二日目の午前まで。
執行役員・本部長と上級役員による対話②が、二日目の午後の前半。
執行役員・本部長と上級役員と経営トップによる対話③が、二日目の午後の後半。

ただし、これはあくまで私のやり方で、手法は他にもたくさんあります。大切なのは、あくまで役員に組織の問題を「自分ごと化」してもらうことです。合宿の進め方については、ぜひ一度、みなさんで話しあってみてください。

図12　役員合宿の進行案（1日目）

役員合宿の進行案■1日目

午前

9:30 オープニング
- 従業員の意識調査の解説
- トップメッセージの確認

10:00 セットアップ
- 合宿開催の目的
- 事務局、ファシリテーター、参加者の自己紹介
- 場の掟

休憩

11:00 対話①（2人1組）：問題意識の確認
- コーチング・デモンストレーション
- ピアコーチング（40分×2回）

昼食

午後

13:30 振り返り
- 午前中の振り返り、全体共有
- 「自己免疫システム」の紹介

休憩

14:45 対話①（チーム）：変革ストーリーの作成
- チーム編成（4人/チーム×4チーム）
- ストーリー作成（120分）

17:15 相互フィードバック
- 発表＆他チームからのフィードバック（30分×4）
- 振り返り

休憩

19:30 クロージング
- 修正ポイントの確認
- 明日の進め方（事務局）

＊20:00　終了予定、夕食懇親会

図13　役員合宿の進行案（2日目）

役員合宿の進行案 2日目

午前

8:30　セットアップ

- 本日の進め方
- Q&A

8:45　上級役員との対話のための素材作り

- 対話①（チーム）：変革ストーリーの編集（90分）
- 発表準備（30分）

休憩

11:00　個人のコミットメント

- 個人コミットメントの確認
- 自己免疫システムのワーク
- 個人コミットメントの再確認
- 発表準備

昼食　（経営トップ・上級役員へのブリーフィング）

午後

13:00　対話の場のセットアップ

- 本日の進め方
- 対話のルール説明、場の掟

13:30　対話②（上級役員との対話）

- 専務・常務に対する変革ストーリーの発表
- 専務・常務との対話（1回目）
- 個人コミットメントの発表
- 専務・常務との対話（2回目）

休憩

15:30　対話③（全体対話）

- 専務・常務との対話の振り返り
- 経営トップを交えた全体対話

17:15　クロージング

- 2日間の振り返り
- 完了のひと言
- 今後の展開について（事務局）　＊18:00　終了予定

4

本音の対話を引き出す――モデルケースの紹介

井口　なんとか事前インタビューを終えることができました。十八人の参加者、全員です。メモを見ていくと、大半が様子をうかがっているようです。よく言えば、大筋で同意ということになるんでしょうか。あとは、かなり乗り気な人と、「そんな甘い話を」と抵抗を示す人が数名ずつ。なんだか会社の縮図を見ている気分です。社長に近いから、もっと賛成寄りの人が多いと思ってました。

大丈夫ですかね。ちょっと心配になってきました。いまさら、じたばたしても始まりませんが……こんな感じで、合宿はうまくいくんでしょうか。

加藤　事前インタビューも無事に終わりましたし、準備は十分できています。インタビューの反応は、こんな感じだと思いますよ。ただ、井口さんが不安を感じるのも、よくわかります。対話型の合宿では、予想外のことが起こったりしますからね。

不安解消というわけではありませんが、実際の事例をまじえながら、合宿の流れを見ていきましょう。事例は、大手食品メーカーX社の役員合宿です。総勢二十四名。執行役員・本部長は丸二日間の参加。経営トップと上級役員は、二日目の午後から参加、といった状況でした。

X社の事例――一日目

午前――オープニングからセットアップまで

オープニングは、対話の材料を提供するところから始まった。意識調査のサマリーを報告し、つづいて経営トップの想いを確認する。X社は「職場の安心感・信頼感」に関する数値が急落しており、トップ・メッセージの核心は、「誰でも率直に意見が言えて、どんなアイデアも尊重する」というものだった。

オープニングを終えると、対話の場のセットアップに入る。X社でも、事前に役員インタビューがおこなわれた。そこで話を聞いてみると、最高益を更新していたせいか、組織の文化や風土に対する役員陣の危機意識がまるで感じられなかった。意識調査とのズレや、トップ・メッセージが肚落ちしていないことが明白だった。そこで私は、自己紹介の際に、そのことをはっきりと伝えた。「トップのメッセージですが、役員の方々にはまったく刺さっていないようですね？」

このように、本音を語る姿勢を開示すると、合宿の二日間は、このレベルで話す場であることが参加者に伝わる。すると彼らからも、トップ・メッセージに対する違和感や疑問が開示された。

「いまは、大口の顧客からの要請に応えるので精一杯ですよ。正直、こんな時期に、あえてやる話なのかと思います。どちらを優先するのか。明日の午後、専務に確認しないと……」

「こういう施策は、これまでにもありました。でも、いつだって、やりっ放しなんですよね。PDCAが全然できていない。どうせ今回も、同じなんじゃないですか」

厳しい反応である。しかし、なるべく早い段階で、本音が語られる環境を整えることが重要だ。どのレベルで話せばいいのか探っていると、いくら時間があっても足りなくなる。

午前――〈対話①〉問題意識の確認

対話①では、お互いの認識をすりあわせていき、その共通認識を踏まえて、自社・自部門の「ありたい姿（共通目的）」を描いていく。

かつて、私は某社の企画担当常務から、「なぜ〈あるべき姿〉から入らないのか」と、お叱りを受けたことがある。確かに戦略論の議論であれば、「あるべき姿」から入るべきかもしれない。だが、組織開発では、まず現状認識（問題意識）の対話からスタートする。これが私のアプローチだ。

「あるべき姿」から入ると、語り手は他責思考になりがちで、聞き手にとっては「どの口が言ってるんだ？」と、しらけてしまうからだ。組織開発は「あるべき論」ではなく、共感や納得感をベースとした「ありたい論」で展開したいのである。

最初の対話では、「ピアコーチング」をおこなう。二人一組でコーチングしあい、模造紙を使って本人の問題意識を見える化していく。自部門について、日頃感じている違和感や疑問を言葉にするのである。ここでのピアコーチングは、二段階に分けて進めていく。

第一段階――〈話し手〉は、「このままでいいのか？」という設問に対して思いついた「事象」を、ランダムに模造紙に書き出す。

次に、〈聞き手〉は、**図14**（127頁）の「意味」や「事例」に相当する問いを投げかけて、模造紙に書かれた言葉を別の言葉に置き換えていく。問いかけによって、はじめは抽象的だった言葉が具体的な本人の言葉へと、ほぐれていくようなイメージだ。

ツアー――すべての「事象」をほぐせたら、いったん小休止して、他のペアの模造紙を見に行く。「ツアー」の時間だ。このツアーを通して、参加者は新たな視点を取り入れていき、違った角度から自組織や自部門を見つめることができる。

第二段階――〈聞き手〉は、**図14**に示した「背景・経緯」の質問を投げかけていく。すると〈話し手〉の問題意識が深掘りされていき、過去の経緯や事情が次々に引き出される。ある程度、過去を振り返ることができたら、今度は未来に目を転じる。ここで「連鎖」の質問を投げかけていき、〈話し手〉が潜在的に感じているリスクシナリオを聞き出していく。

二段階の対話を重ねていくと、〈話し手〉の問題意識の根底にあるキーワードが明らかになり、さらに、それらのキーワードがつながり、ひとつのストーリーとして立ち現れてくる。〈話し手〉の思考パターンや思考の構造が見える化されるようなイメージだ。〈話し手〉の問題意識をストーリーとして確認できたら、〈聞き手〉と〈話し手〉を交替して、第一段階からもう一度始めよう。

それぞれの認識が書き出されると、同じ執行役員・本部長でも、まるで違うことに注目していたことが明らかになる。あるいは、同じことに着目していても、解釈が大きく異なっていることに気づくことができる。こうした認識の違いを理解するうえで有効なのが、「氷山モデル」だ。**図15**を見ていただきたい。

図14　相手のキーワードを拡げる質問

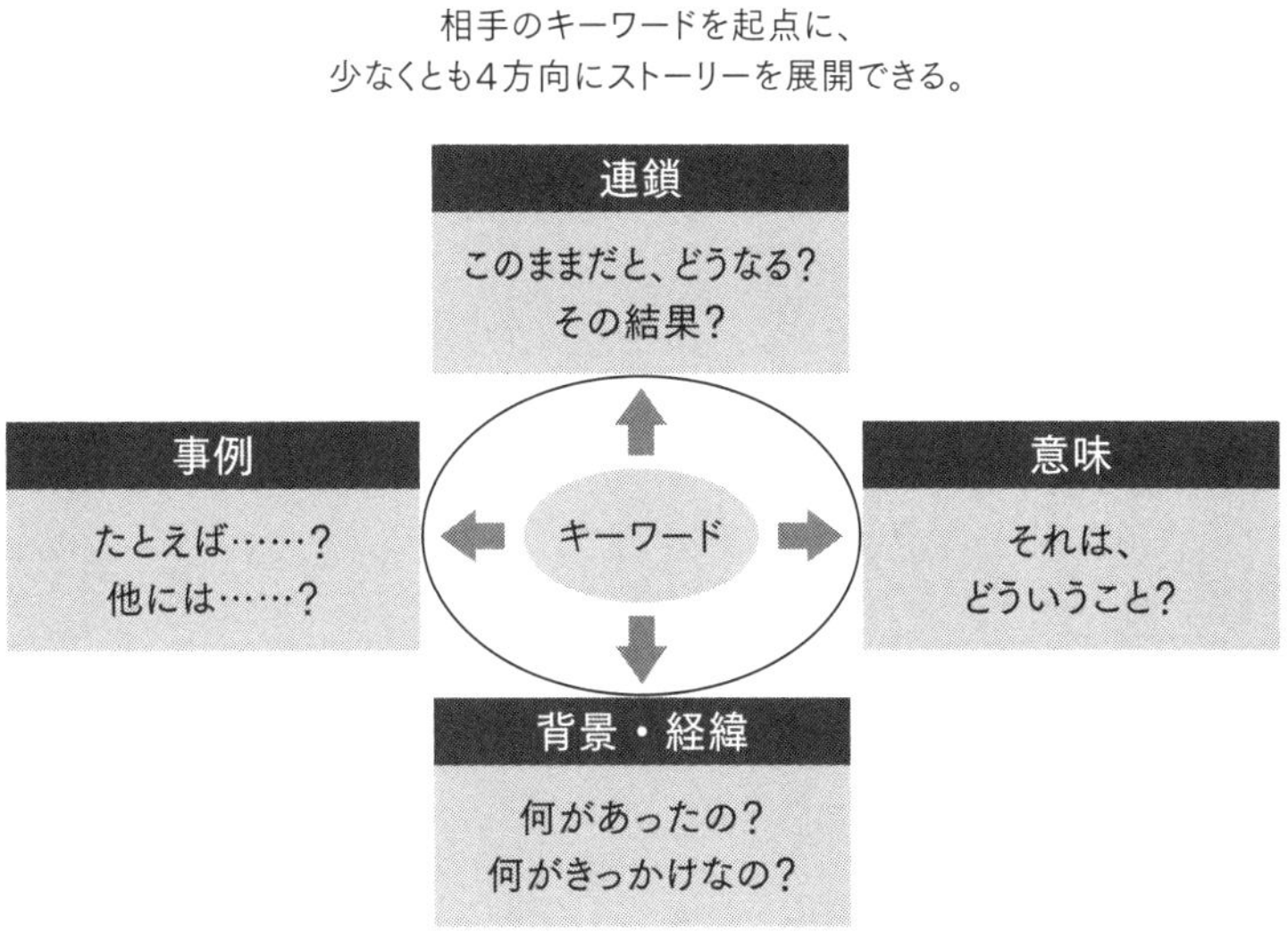

加藤雅則『自分を立てなおす対話』
（日本経済新聞出版社、2011年）
を参考に筆者が作成

図15　自己認識の「氷山モデル」

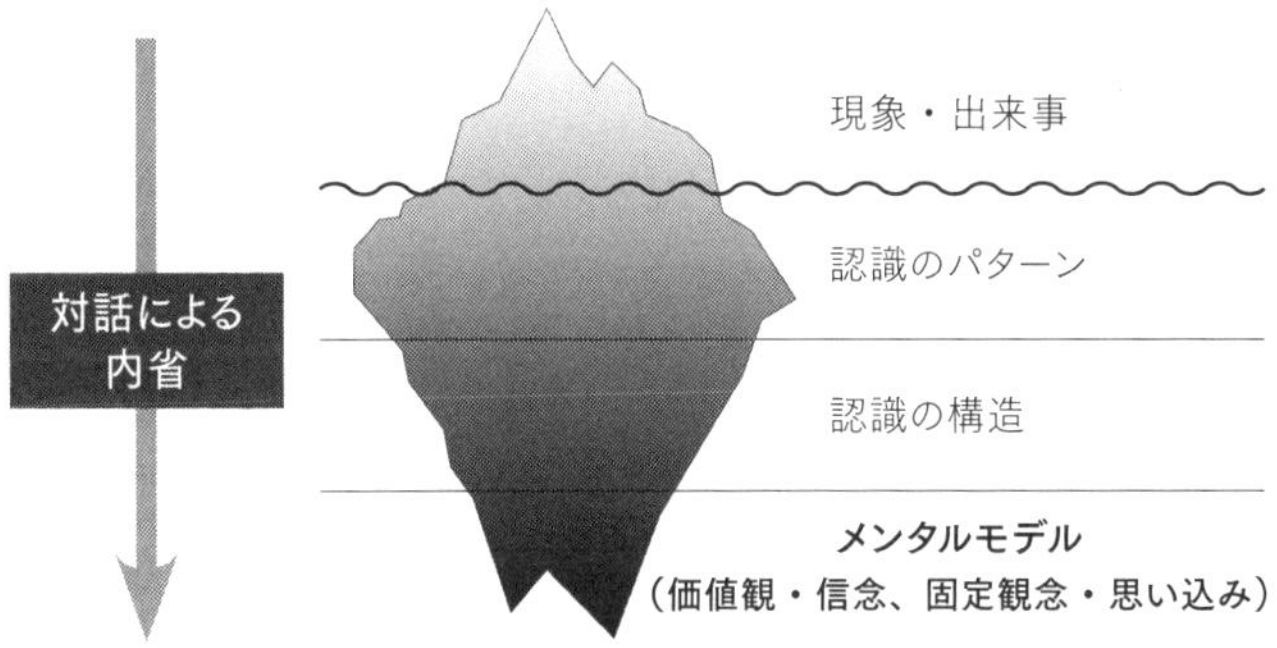

ピアコーチングを通じて、本人が気になる点や違和感を書き出していくと、認識のパターンが見えてくる。さらに質問して深掘りしていくと、認識のパターンを作りだしている構造が明らかになってくる。さらに内省が進むと、自己認識のパターンや構造を作りだしている大前提、すなわち本人のメンタルモデルが浮かび上がってくるのである。認識の根っこにあるメンタルモデルとは、本人の価値観や信念、思い込みや固定観念を指す。お互いが同じ事柄に注目していても、異なる解釈や理解を生み出している原因が、このメンタルモデルなのである。

さて、X社の合宿では、オープニングから批判を繰り返している人がいた。新興国の現地子会社の社長を務め、帰任したばかりのT執行役員・事業本部長である。ダイバシティ・マネジメントや働き方改革といった、人事本部主導の取り組みを苦々しく思っているようだった。

ピアコーチングでは、「本社の考えは甘い。こんなやり方では勝てない」と怒りモード全開だった。しかし、よくよく話を聞いていると、焦燥感と自責の念が交互に顔を出しているように思えてならない。そこで、休憩時間にさりげなく声をかけてみると、こんな話をしてくれた。

「私が現地子会社の社長をしていた七年間で、競合にシェアを逆転されてしまった。結局、私は事業を立て直すことができなかった。たぶん、それもあって呼び戻されたんだと思う。自分のマネジメントが甘かったという想いがある。伸び盛りの新興国と成熟市場の日本とでは違うと頭ではわかっていても、その感覚がどうしても抜けない。あれはどうなっている、これはやったか、

図16　対話のプロセス

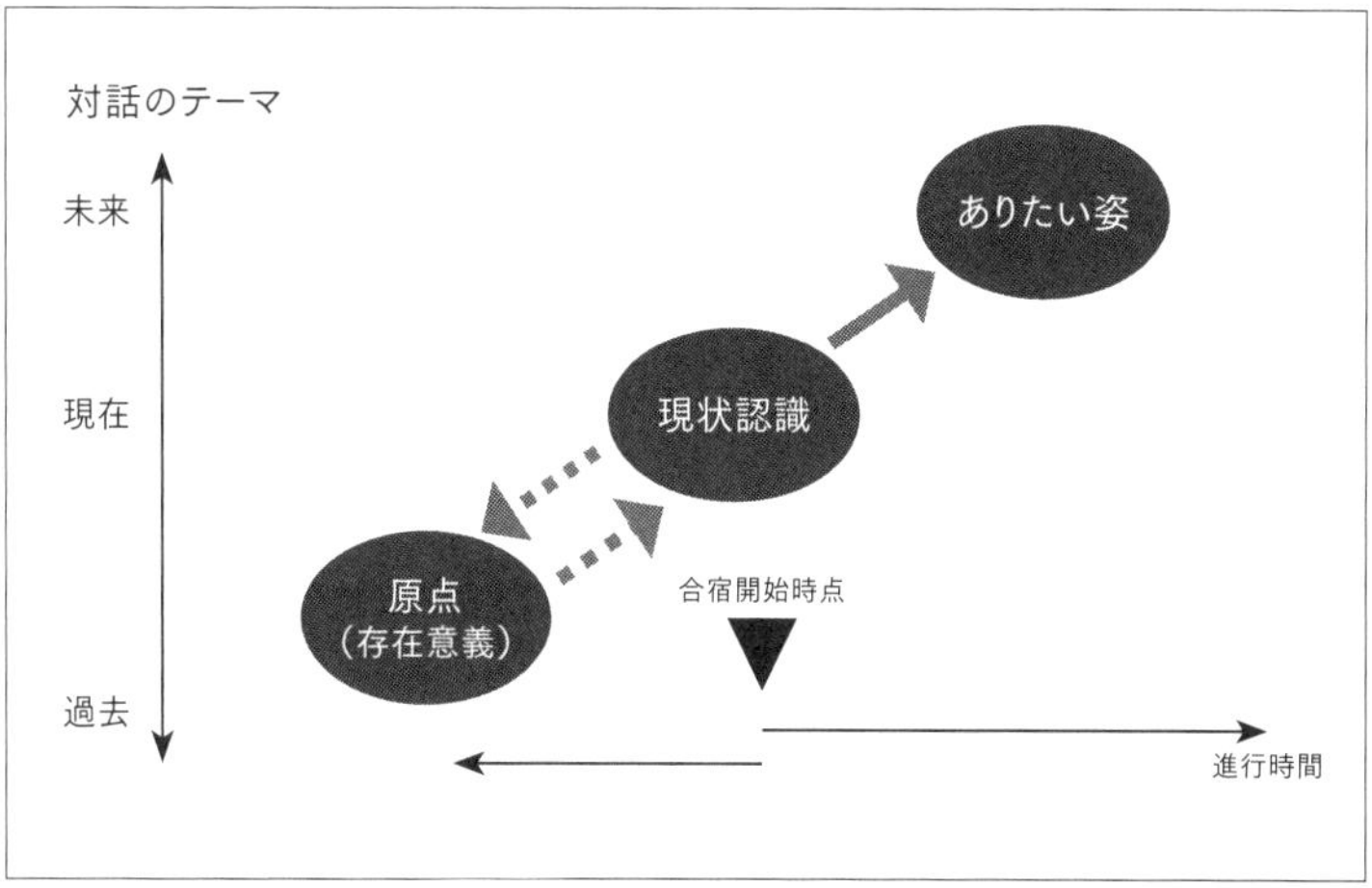

と部下を責め立ててしまう。意識調査で、うちの部門の数値が低い理由は、半分くらい私に原因があるんだがね……」

午後――〈対話①〉変革ストーリーの作成

お互いの現状認識が共有できたら、四～五人のチームで、自社・自部門の変革ストーリー案を作成する。自分たちは、どういう組織を作りたいのか、「ありたい姿」と、そこに至るプロセスを描くのである。その流れを**図16**に示した。

さらに、現状認識や問題意識（前提）、変革の目的（WHY）、変革の方法論（HOW）、具体的な着手点（WHAT）といった流れで、それぞれの設問に答えていく。

これらの問いに対する答えが、二日目の午後に発表する変革ストーリー（上級役員との対話の材料）の叩き台となる。これをまとめたものが、**図17**である。

この四つの設問に答えるために、チームで対話を重ねることになるが、特に「前提」と「WHY」の問いには十分な時間が必要だ。自社・自部門のことをふだんから考えていない、あるいは観察していない人は、対話を通して自らの認識の甘さを痛感することになるだろう。

X社では、次のような変革ストーリーが描かれた。

1　改善・改良ではなく、変化・深化が必要。既存事業の延長では、二〇XX年まで生き残れない。

2　当社の原動力は人。個人が信念をもち、知恵を絞り、活発な議論を通じてアイデアを出し、その実現に挑戦しつづける。そういうサイクルが回りつづける組織でありたい。

3　一人ひとりが、より自由な発想ができるように、上司は部下を管理するのではなく、手かせ足かせを外す支援をする。

4　会議の方法を見直す。報告の回数と資料の数を減らす。自分たちも適切なタイミングで判断を下す。判断を先延ばししない。

図17　変革ストーリー案

[1] 前提 現状認識・問題意識	自社（自部門）の現状を、 私たちは、どう認識しているのか？
[2] WHY 目的・ビジョン	だからこそ、私たちは、どうありたいのか、 どうなりたいのか？
[3] HOW 方法論・アプローチ	実現のポイントは、どこにあるのか、 どこを変えるのか？
[4] WHAT 具体的な着手点	まず、私たちは、どこから始めるのか？

「前提」に大きなズレがなければ、「ＷＨＹ」を描くのはそれほど難しい話ではない。問題は、現状認識が各人各様であった場合である。現状認識がすりあわないときは、一度、原点に立ち還る必要がある。そもそも、自社（自部門）の存在意義は何なのか。そこまで立ち還って、初めて合意を形成できるのである。

　安易な合意、曖昧な合意のまま、対話が表面的に進行してしまうチームも必ず出てくる。そのときは事務局が、対話の途中であっても、率直にその印象や懸念を伝えなければならない。ここで妥協せずにしっかり本音で話しあい、認識をすりあわせなければ、肝心の当事者意識は生まれない。そして、翌日の発表にも間にあわない。

　X社では、一日目の午後の対話で、各チームの変革ストーリー案が無事に出そろった。翌日には経営トップや上級役員も来るので、通常は何とか時間内でまとめてくるものである。

ただ過去に一度だけ、対話が膠着して空中分解したことがあった。現状認識のズレがどうしても埋まらず、目的、実現方法、着手点へと対話が進まない。ファシリテーターとして強引に、複雑に絡みあった糸をほぐすこともできたが、このカオス状態もひとつの現実である。ストーリー案にはならなかったが、現状認識のズレを率直に、経営トップと上級役員に開示することにした。すると、「面白いな。これもうちの実態だ」と納得の表情だった。

午後——相互フィードバック

四つの設問に二〜三行で答えられるようになったら、次はチーム発表である。チーム発表では、あえてホワイトボードに書くことをおすすめする。プレゼンテーションソフトで書こうとすると、余計なこだわりが生まれ、対話から生まれた生身の言葉が表現されない。また、あたかも完成形のプランのように見えてしまい、気軽に加筆・修正しづらくなってしまう。

チームの発表に対して、他の参加者はどんどん突っ込みを入れていく。他のチームからの率直なフィードバックによって盲点に気づき、発想の転換が起こる。これこそ、相互フィードバックの醍醐味だ。こうしたやり取りを通じて、内容を精緻化することはもちろんだが、何より参加者全体の合意形成が進むことが重要である。そして、合意形成されたストーリーとその合意にいたる過程を、二日目の午後、上級役員にぶつけて対話するのである。

X社の役員合宿では、部門ごとにチームを編成し、自部門の変革ストーリーを作成した。そして相互フィードバックで出てきたのが、次のようなコメントである。

「君たちは上流工程で、俺たちは下流工程だ。俺たちのことを、ちょっとは考えているか？こっちは、いつも顧客の要求にさらされている。いつも顧客の目線を意識している。顧客の立場で発想するのが当然なんだ。だが君たちの話を聞いていると、どうも自部門だけの話で完結しているように思えてならない。少しは俺たちのことをお客と思って、会社全体のことを考えてほしい」

とても率直なコメントである。このフィードバックがないまま進めていたら、会社全体を見ている上級役員から同じような指摘を受けたことだろう。相互フィードバックを経て、このチームが変革ストーリーをさらに磨いていったのは言うまでもない。地に足のついたストーリーは、経営トップからも好評だった。

井口　他社の事例をうかがって、少しイメージがわいてきました。それにしても、これでようやく、初日が終了ですか……長い一日ですね。まさに本音の対話が繰り広げられている感じがします。

でも、うちの役員だと、一体どんな感じになるんでしょう……加藤さん、どうすれば、こんな率直なフィードバックができるんでしょう？

加藤　まず、セットアップのタイミングで、「自分たちのことは棚に上げて、無責任にコメントしましょう」と伝えることです。これは、「場の掟」のようなものですね。人は思っている以上に、自分のことはよく知らず、他人のことはよくわかるものなんです。その点を繰り返し強調しながら、同じ立場であるからこその一体感を深めていく。一日目が終わると、懇親会がありますよね。そこも無礼講でいきましょう。

X社の事例——二日目

午前——〈対話①〉変革ストーリーの編集

二日目は、変革ストーリーの編集から始まる。前日の発表で受けたフィードバックを参考にしながら、各チームが論点を明確にしていく。そこで不可欠なのが、そのチーム独自の表現を考えることだ。

以前、ある企業のワークショップで、WHYの項目に「より主体的に行動できる組織にしたい」と書いたチームがいた。主体的であることは大切だが、これではどのような組織になりたいのか、聞き手（上級役員や経営トップ）がリアルにイメージできない。私はそのチームの話を聞きながら、ふと、欧州のトップサッカーチームのことを思い浮かべた。各プレーヤーが自ら状況判断して、プレーヤー同士で巧みに連携していく。それを彼らに伝えたところ、「各部門が連動・連鎖していく、躍動的な組織プロセスを作りだしたい」という、独自の表現が生まれた。

変革ストーリーでは、企業理念や中計にあるような、その会社の一般的な表現やフレーズでは物足りない。それらを解釈しなおして、自分たちの言葉で語りはじめる。すると、論点がより明確になるのだ。

午前——個人コミットメントの確認

発表の準備ができたら、最後は個人のコミットメントを確認する。変革ストーリーを作成してきた当事者として、自分は何にコミットメントするのかを、ひと言で書いてもらうのである。

変革ストーリーを聞いた役員は、まずまちがいなく「そう言っている君自身は、どうするのか？」と瞬時に思うだろう。何を言うかも大切だが、それ以上に、誰が言っているのかが重要になってくる。つまり、その人の覚悟が問われているのだ。そこで、変革ストーリーを、個人のコミットメントとセットで役員に提示するのである。

前述したX社のT事業本部長は、「自分の案はオプションBとする」と書いていた。頭の回転が速い彼は、問題が発生すると、誰よりも早く解決策を思いつき、その実行を部下に求めてきた。その結果、部下の指示待ち・思考停止を作りだしていることを痛感したのだろう。部下の解決案をオプションAに据え、部下を前に立たせる組織マネジメントを目指すことにしたのである。

ここで思い出してほしいのは、いま自分たちは「適応課題」に直面しているということだ。それと同時に、個人レベルでも、適応課題に向きあわなければならない。「自分自身は何を捨て、何を守り、何を新たに学ぶのか？」ということである。

ハーバード大学の発達心理学者、ロバート・キーガン博士が提唱している「自己免疫システム」のフレームワークが、ここでは特に参考になるだろう。**図18**と**図19**を見ていただきたい。

自分がコミットすること（行動目標）と、それを阻害する日常の行動（阻害行動）、阻害行動の

図18　自己免疫システムに関する設問

① 私は自部門をどう変えたいのか？	
② そのために、**私自身は**何をするのか？	行動目標
③ 行動目標を阻む日常の行動とは？	阻害行動
④ ③の目的は何か？	裏目的
⑤ 裏目的を支えている固定観念は何か？	思い込み
⑥ だからこそ、自分はどう変わるのか？	私の成長課題

ロバート・キーガン、リサ・ラスコウ・レイヒー『なぜ人と組織は変われないのか』（英治出版、2013年）を参考に筆者が作成

図19　自己免疫システムの回答例

① お互いの専門領域に踏み込んで、カバーしあえる本部を目指す	
② 後継者候補を数人選び、マネジメントの一部を任せてみる	
③ 進捗報告を求めてしまう	阻害行動
④ プロセスをコントロールしたい	裏目的
⑤ 失敗をしたら、本部長として自分が恥をかくことになる	思い込み
⑥ 常務には後継者を育成していることを事前に伝える、結果責任を背負うことに肚をくくる	私の成長課題

目的（裏目的）、裏目的を支えている固定観点（思い込み）、という順番で整理していく。変わろうと思っても実際には変われないという、自己矛盾を認識するワークである（このフレームワークについては、第4章でも紹介する）。

昼食――経営トップ・上級役員へのブリーフィング

上級役員との対話が始まる前の時間（昼食休憩）を利用して、経営トップと上級役員にブリーフィングを実施する。前日からここまで、どのような展開で進行してきたのか、午後の対話のポイントは何か、について事前にインプットするのである。

このブリーフィングの狙いは、発表の場で、経営トップや上級役員にサプライズを与えないという大人の配慮だ。もうひとつは、対話の目的とルールの再確認である。今回の合宿は、認識をすりあわせて当事者意識を喚起し、「ありたい姿」を描き出すことがポイントだ。とはいえ、経営トップであっても、提示された「ありたい姿」が自分の認識や想定と違えば、「そうじゃないだろう」とか「すでに方針は伝えたはずだ」と口走ってしまう恐れがある。そうなれば、日頃の会議室と何ら変わるところがない。

せっかくの対話の機会である。もし認識の違いがあるなら、いちど違いを明らかにして、その違いがどこから生まれてくるのか、探究心をもって傾聴しなければならない。すなわち、違いを受けとめるという対話の基本姿勢を確認することが、事務局には求められる。

午後――〈対話②〉上級役員との対話

さて、午後の対話が始まる。まずは、対話の場のセットアップだ。ここで再度、対話の目的とルールを確認する。これから発表する変革ストーリーが、特定の役員を批判しているわけではなく、これから組織をどうしていくのかという、未来志向のアイデアであることを再確認する。そうすることで、安心・安全な場とするのである。これが、本音の対話の前提条件となる。

そして、いよいよ、各チームと上級役員の個別対話を始める。組み合わせは、事前に事務局が決めておく。自部門の担当役員が入るのは当然であるが、可能であれば、管理部門の役員も組み合わせるとよいだろう。こうすることで、自部門の話題にとどまらず、全社の視点を取り入れることができる。

上級役員への発表も、ホワイトボードがおすすめである。ホワイトボードを使うことで、発表内容はあくまで暫定的なものであることが伝わり、それによって対話が活性化するからだ。

対話の材料は、自社・部門の変革ストーリーと個人のコミットメントである。その間、経営トップは個別の対話には参加せず、全体観をつかめるようオブザーブしておく。各チームと上級役員の対話を観察した経営トップの感想が、次の全体対話の素材となる。

上級役員との対話は、変革ストーリーを共有したあとに、「現状認識」「WHY」「HOW」「WHAT」のどのレベルで認識のズレがあるか、車座《くるまざ》になって対話していく。「現状認識」で対話が盛り上がる部門もあれば、大枠は賛成なので具体的な「WHAT」を深掘りする部門もあるだろう。ここでの対話には、各部門の風土・文化が如実に現れる。上級役員がほとんど一方的に話しているチームもあれば、双方向の対話が成立しているチームもある。事務局メンバーは、各チームの車座の近くに張りついて、対話の推移をよく観察しておこう。そこには、役員合宿を終えたあと、まずどの部門を支援すればよいのか、どこの部門は時期尚早なのかを見極める情報が満載だ。

午後――〈対話③〉全体対話

最後の全体対話は、各チームの「対話の振り返り」からスタートする。多くの場合、ここで面白いコメントを聞くことになる。X社では、ある上級役員からの印象的なコメントがあった。

「方針は伝えているつもりだったが、伝わっていなかった。そのことが今日よくわかった」

あなたは、このコメントをどう受け止めるだろうか。これは単に、方針伝達の問題を言っているのではない。上級役員が、自分はマネジメントができていると思っていたが、実際はできていなかったという、自身の慢心を認めるコメントだったのだ。それは決して誰かを評価・批判するトーンではなく、あくまで自分の気づきとして表現されたものだ。これこそ、対話の醍醐味といえよう。そこには、ある種の清々《すがすが》しさを感じる。対話の場が成立しているときには、「共感→納得→信頼」という気づきの連鎖が生まれる。ある参加者の気づきに対する共感が、場のプロセスに対する納得感を生み、それが組織開発という取り組み自体への信頼感につながっていくのだ。「対話の振り返り」のあとは、経営トップを交えた対話となる。上級役員と執行役員・本部長のやり取りがどのように見えたのかを、まずトップに語ってもらう。同じ時間と空間を共有しているからこそ、トップの一言一句《いちごんいっく》が、その場にいる全員に突き刺さることだろう。

X社の社長からは、次のような話があった。

「他人に指摘されたらムッとするようなことが、対話を通じて自分で気づくと、すんなり受け入れることができる。それが不思議だと、先ほどA君が言っていたが、まさにそうなんだろう。もちろん、事業は事業で厳しくやる。しかし、それを担う人の納得感がなければ、実行が伴わない。自分たちがやっていることに、社員が肚落ちしていない。そんな会社が、果たして勝てるんだろうか。五年、十年と勝ちつづけていけるんだろうか。

みなさんには、いま一度、うちの会社のDNAは〈人を大切にすること〉だと肝に銘じてほしい。部下に対して、働く意味、働く目的を、みなさん自身の言葉で語ってほしい。そして、部下の反応に耳を傾けてほしい。そうした時間を意識的につくってほしい。それが、わが社の活力を取り戻し、現場に漂う疲弊感やあきらめ感を払拭することになると私は信じている」

ここでようやく、上級役員、執行役員・本部長は、トップの本気を確信する。組織に対する共通感覚を生み出すには、お互いの認識の違いをすりあわせる対話プロセスが必須なのである。ここまで徹底的に対話を重ねないかぎり、当事者としての自覚は芽生えないのだ。そして、こうしたプロセスを通じて、社長自身も、自分のメッセージに手ごたえを感じるだろう。「自分と同じ感覚の人が、ここにもいた。これでいいんだ」という、組織開発への確信である。

エレファント・イン・ザ・ルーム――凍りつく瞬間

井口　いやはや、身につまされる話ですね。事務局と社長から始まったプロジェクトが、じわりじわりと次の層へ浸透していく、そんな展開ですね。

加藤　でも、この話を聞いていて、本当にこんなにうまくいくのかよ、と思ったんじゃありませんか？

井口　ええ、確かに……うちの会社だったら、もっと波乱が起こるかもしれませんね。

加藤　意外に思うかもしれませんが、役員合宿は、しかるべき点に収束することがほとんどです。もっとも、私も何度か痛い目に遭いましたが……ちょうどいい機会ですから、私の修羅場体験をお話ししましょう。

対話の場が「しーん」と凍りつく瞬間。そうした場面は、二日目の午後、上級役員との対話か全体対話のなかで発生することが多い。これはX社とは別の会社の話である。

役員対話を終えて全体対話に入ろうとしたとき、ある上級役員が大声で怒鳴りだしたのである。

「おまえたちは、なんでいまさら、そんなことを言ってるんだ！」

ある本部長の振り返りコメントが契機となって、傾聴が苦手なその役員は、我慢の限界を超えてしまった。自分の経営スタイルが批判されていると感じて、もう黙っていられなかったのだろう。その役員は、本部長や部長を飛び越して、直接、課長や担当者まで呼びつけ、怒鳴りつけることで有名な人だった。その結果、メンタル疾患に陥ったり、退職してしまった部員がいたほどだ。

その役員は、ある部門を立て直し、十年来にわたって部門のトップを張っている人だった。いわば天皇のような存在である。執行役員・本部長同士の対話でも、当然そのマネジメント・スタイルが問題視され、今回の対話では一致団結して、その点については控えてほしいと伝えるつもりだった。

しかし、その役員による本部長への個人攻撃が始まると、もう誰も止めに入ることができない。その役員の上の専務でさえ、口を閉ざしているのだ。攻撃された本部長も黙り込んでしまった。

その場にいた誰もが、その役員の振る舞いこそが、課題となっている上位下達の文化を作りだしていることを知っていた。だが、誰もそれを口に出して言えないのである。

これぞ、「エレファント・イン・ザ・ルーム」だ。部屋のなかに象がいることにみな気づいているのに、その存在を誰も口に出せない。時間にすれば、ほんの一、二分だったが、重い沈黙の時が流れた。

こういうときこそ、外部ファシリテーターが割って入るタイミングである。「エレファント・イン・ザ・ルーム」であることを「Name it!」しなければならない（いま、この場で何が起こっているのかを言葉にする）。その役員が暴発したときは私も一瞬フリーズしてしまったが、思い切って口火を切った。

「いま、ここで起こっていることが、まさしく御社の、上位下達の文化を表しているのではないでしょうか。上の発言に対して、下はモノを言えない。参加者のみなさんが、ここで言いたいことを呑み込んでしまっては、永久にコトを為せないのではありませんか。今日の対話の場を、上手に活用してください」

脇に冷や汗をかきながら、そう伝えた。すると一瞬であるが、場が緩んだ。すかさず、隣に座っていた経営トップが言葉をついでくれた。

「言いたいことを言えない。何かあっても見て見ぬふりをする。はっきり言って、これがうちの会社の体質だよな。俺は、この文化を変えたいんだよ」

緊張した場に安心感が静かに広がり、その場は何とか収まった。

この話にはオチがある。その役員は合宿を不満に思い、誰が何を言っていたのかを事細かに調べていったそうだ。事務局から私に相談があったが、その役員は、二度と私に会おうとはしなかった。出入り禁止だ。

その役員は、「自分は人前で個人攻撃され、恥をかかされた」と受け取ったのかもしれない。他にやり方はなかったのかと、私も随分と悩んだ。介入の仕方が、まずかったのかもしれない。本来は、怒鳴られた本部長や他の参加者の気持ちだけでなく、その役員の気持ちも代弁すべきだったが、あの場面ではその余裕がなかった。

その役員はあまりにも大きな存在だったので、このままでは組織開発は前へ進まない。事務局と頭を悩ましていたところ、突然ニュースが飛び込んできた。合宿後の株主総会人事で、経営トップがその役員を退任させたのだ。天皇と呼ばれるような功労者に対して、経営トップが人事を断行したのである。象徴的な人事だった。組織開発にかけるトップのコミットメントを知らしめるに、これ以上ない出来事となったのである。そしてプロジェクトはその後、大きく前進していった。

5 対話の影響を把握する——変革と抵抗のシグナル

井口　加藤さん、先日の役員合宿では、お世話になりました。ふだんなら聞けない本音が、これでもかっていうくらい聞けました。でも、二日目の午後は、さすがに冷や汗ものでした。上級役員との対話のあとの、あの気まずい沈黙……。
「部下に自由にやらせて失敗したら、どうするんだ？　おまえらが責任とるのか？」っていう常務のあの発言で、場が凍りつきましたね。そういえば、あのとき、加藤さんと目があいましたが……。

加藤　覚えています。ここは私が割って入らないといけない。そう思って発言しようとした瞬間、社長が口を開いたんです。

「責任は俺がとる。この会社の悪い習慣を、俺は本気で変えたいんだ。で、君たちはどうする？」

あの言葉で、みなさんの目の色が変わりましたね。ああ、この人は本気なんだ。

こっちも腹を決めなきゃいけない。そんなふうに覚悟を決めた人は、かなりいたでしょう。経営トップからの、組織に対する最高のボールだったと思います。

井口　あの常務は、事前インタビューでもかなり抵抗しているような雰囲気があったので、要注意だと思っていたんです。案の定、吹っかけてきました。でも加藤さん、いまちょっと、面白いことが起こってるんです。なんとあの常務が、部長を四〜五人集めて、こんな話をしたそうですよ。

「おまえら、これからは俺の顔色はうかがうな。やりたいことがあるんなら、やってみろ。やばくなったら、俺がなんとかする」……これ、あの常務が言ったんですよ。信じられますか？

「役員合宿」という働きかけをすれば、必ず、何らかの反応があらわれる。ポジティブな反応、ネガティブな反応、想定外の反応が出てくるだろう。悪いうわさや、個人批判が飛び交うなかで、事務局はポジティブな反応に注目することが肝心だ。たとえば、「さっそく、自部門でも対話を始めたよ」「より突っ込んだレベルで、変革ストーリーを議論することにした」という変革のシグナルに注目したい。

一方で、ネガティブな反応には、一定の距離を置くようにする。いまは変革の機運を醸成することが先決だ。何らかの機運が上級役員、執行役員・本部長の階層で醸成されれば、まずは十分である。むしろ事務局は、合宿で前向きな対話がおこなわれていた部門にヒアリングして、その後の動きをフォローすることが重要だ。その情報は、次の部長支援ワークショップで、貴重な対話の材料となるだろう。

井口　常務が担当しているY部門の動向は、引きつづきフォローしていきます。ただ、加藤さんもお気づきだと思いますが、営業担当取締役のZさんは、合宿をかなり不満に思っているようです。

あの場で守秘義務のルールを徹底したにもかかわらず、合宿で書いた模造紙の内容を密かに記録していて、「これを言っていたのは誰だ?」と、犯人捜しをしているようです。おまけに、私たち事務局も敵視しているみたいで、昨日の会議で挨拶をしても、完全に無視されました。

加藤　やはり、そうでしたか。合宿のときに不機嫌な表情で、あまり発言されなかったので、彼の振る舞いはずっと気になってました。とはいえ、これは経営トップから始まったプロジェクトです。私たちは社長の威を借りて活動しているも同然です。確固たる後ろ盾があることを忘れず、そういう反発は必ずあるものだと割り切ることも大切ですよ。まずは、わかりやすい事例や実績を作りだすことに注力しましょう。

さあ、次はいよいよ部長層です。ここには、役員合宿とはまた違った「凄み」が潜んでいます。しっかり準備して臨みましょう。

組織コンサルタントとの対話

第1章
事務局はまず何をすべきか

社長との対話

第2章
経営トップはどうすれば本気になるか

役員との対話

第3章
変革の機運はどうやってつくるか

部長との対話

第4章 現場のアクションにいかにつなげるか

自分との対話

第5章
組織開発はどうすれば自走するか

1

部長の現実と葛藤を理解する——彼らの優先順位

井口　役員合宿を終えてから、もう二週間が過ぎました。「ミスター開発」と呼ばれている常務が口火を切ってくれたおかげで、何人かの役員も、部下たちとの対話を始めたそうです。最初は、社長と事務局の孤軍奮闘といった感じでしたが、少し勢力が広がってきました。そして来週からは、いよいよ部長支援ワークショップです。

ここでうまくいけば、現場でも、何かしら目に見える変化が生まれるんじゃないかと期待しています。もちろん、組織がガラッと変わるなんて調子のいいことは考えてませんが……でも、この社長から始まった組織開発の機運を、何とか現場に落とし込めたらと思うんです。こんな考えは、時期尚早でしょうか……。

加藤　事務局のみなさんの力で、ここまでは順調に来ていると思います。「会社が組織のことに本気で取り組もうとしている」と感じている人も少なくないでしょう。御社はこれまで、無理な目標をマンパワーでなんとか乗り切ってきました。それが、働き方改革で残業できなくなった。それなのに目標の数字は変わらない。だから、部長たちはいま、ジレンマの真っただなかにいるはずです。言葉だけでなく、何か具体的な動きが伴わないと、この空気感もしぼんでしまう。

確かに、井口さんが期待しているように、このタイミングで「目に見える変化」がほしい。そのために実施するのが「部長支援ワークショップ」です。ここで部長が動かなければ、これまでの苦労は水の泡となってしまいますからね。

今日は、そのワークショップの目的と内容について検討していきましょう。まずは目的です。我々は、何のために部長に働きかけるのでしょうか?

なぜ、あなたが部長なのか?

組織開発は、「自分ごと化」の連鎖で波及していく。社長との対話によって、社長は自分の言葉で組織を語る覚悟を決めた。さらに、役員合宿によって、役員たちは社長の本気を確信し、一部の人は自ら率先して部下との対話を始めた。次は、部長だ。どうすれば、部長は組織の問題を「自分ごと化」できるのか。

私が事務局の一員として組織開発をおこなうとき、最も緊張するのが部長へのワークショップである。役員たちは、いまの立場があるので、大人の振る舞いをされる方がほとんどだ。しかし部長たちには、いまこの会社を背負っているのは自分たちだという自負がある。現場を切り盛りしている人としての迫力があるのだ。事務局は、こういう人たちを相手にしなければならない。ワークショップの案内を出したあとの反応を想像してみよう。

- この忙しい時期に、わざわざ部長を集めるなんて……
- いまさら研修を受ける必要なんてあるのか……
- これ以上、何をしろというのか……
- で、お前ら経営企画や人事は何をするのか……
- 日本だけの働き方改革をやっていて大丈夫なのか……
- 役職定年まであと二年だから、ほっといてくれ……

経営企画部や人事部が中心となり、これまで、研修や制度設計や個別人事といった施策を打ってきた。しかし、組織の活性度や健全性の問題は、おいそれとは解決されない。多かれ少なかれ、部長たちが事務局に不信感を抱くのは当然だ。こうした部長たちの心情を察すれば、部長のマネジメントを管理しようとする従来のアプローチが機能するとは思えない。

これまでの考え方は、従業員の意識調査の結果を分析し、原因を特定し、組織変革の必要性を説き、新しいマネジメント手法を学んでもらい、その実施と進捗をフォローする、というものだ。ところが、「これ以上、管理されたくない」と思っている部長に対して強硬に「管理するアプローチ」を実施すれば、反発が強まって状況を悪化させる恐れがある。あるいは、単に部長研修を実施した、という事務局の自己満足で終わる可能性もある。

それを避けるには、発想の転換が必要だ。つまり、部長の組織マネジメントを管理しようとするのではなく、部長の組織マネジメントを支援するのである。従業員の意識調査の結果を共有し、経営トップの想いを確認したうえで、まず実際の現場では何が起こっているのか、事務局が部長層の問題意識に耳を傾け、いっしょに何ができるのかを考える。そういうスタンスだ。事務局が、部長層との心理的な距離を縮め、彼らの心情を感じ取りながら、彼らに何が必要か、どこが障害になっているのかを見極めていくのである。

それに対して部長たちは、自身の組織マネジメントで何に困っているのかを本音ベースで語りあう。困っているのは自分だけではないことを再確認し、相互支援を通じて、自分なりの解決策を見つけていくのである。つまり、部長支援ワークショップとは、部長が自分の部門や部署をどうやって束ねればいいのかを、自ら内省する場なのだ。そこで問われるのは次のようなことである。あなたの会社の部長なら、どう答えるだろうか。

- なぜ、あなたが部長なのか？
- 部長という役割に期待されていることは何か？

●部長の在任中に、どんなことを実現したいか？
●それを実現するための、あなたの成長課題は何か？

これらの質問に、自分の言葉で即座に答えられる人は、そう多くないかもしれない。しかし、重要なのは、答えられない自分に気づくことだ。気づいて、考えて、初めて自分ごとになる。まず、自分は何に困っているのか、これに気づかないかぎり、主体性のある組織開発など起こりえない。単なる「誰かの話」「どこか別の部署の話」「本部からの、やらされ仕事」になってしまうのだ。そして、その「やらされ感」は、部長の所作を見ている部下たちに連鎖する。

部長には、これまでの経験知がある。プライドも自負もある。管理する発想が、そうした自我の殻を強めてしまうのに対して、支援する発想は、自分ごと化を促進し、自我の殻をゆるめ、部長同士の相互支援の道を開いていくのである。

部長の言い分

仕事の内容を四つに分類した、アイゼンハワー・マトリックスというフレームワークがある。**図20**を見てほしい。タテ軸に仕事の緊急度、ヨコ軸に仕事の重要度が設定されている。この軸で仕切られた四つの仕事の優先順位をつけてもらうと、ほとんどの部長が**図20**のように番号を振る。それほど緊急軸が強いのだ。仕事の専門化・高度化・高速化によって、部長でさえ、日々のタスクに追われている。たとえ必要だとわかってはいても、組織マネジメントまで手が回らないのが

図20　アイゼンハワー・マトリックス

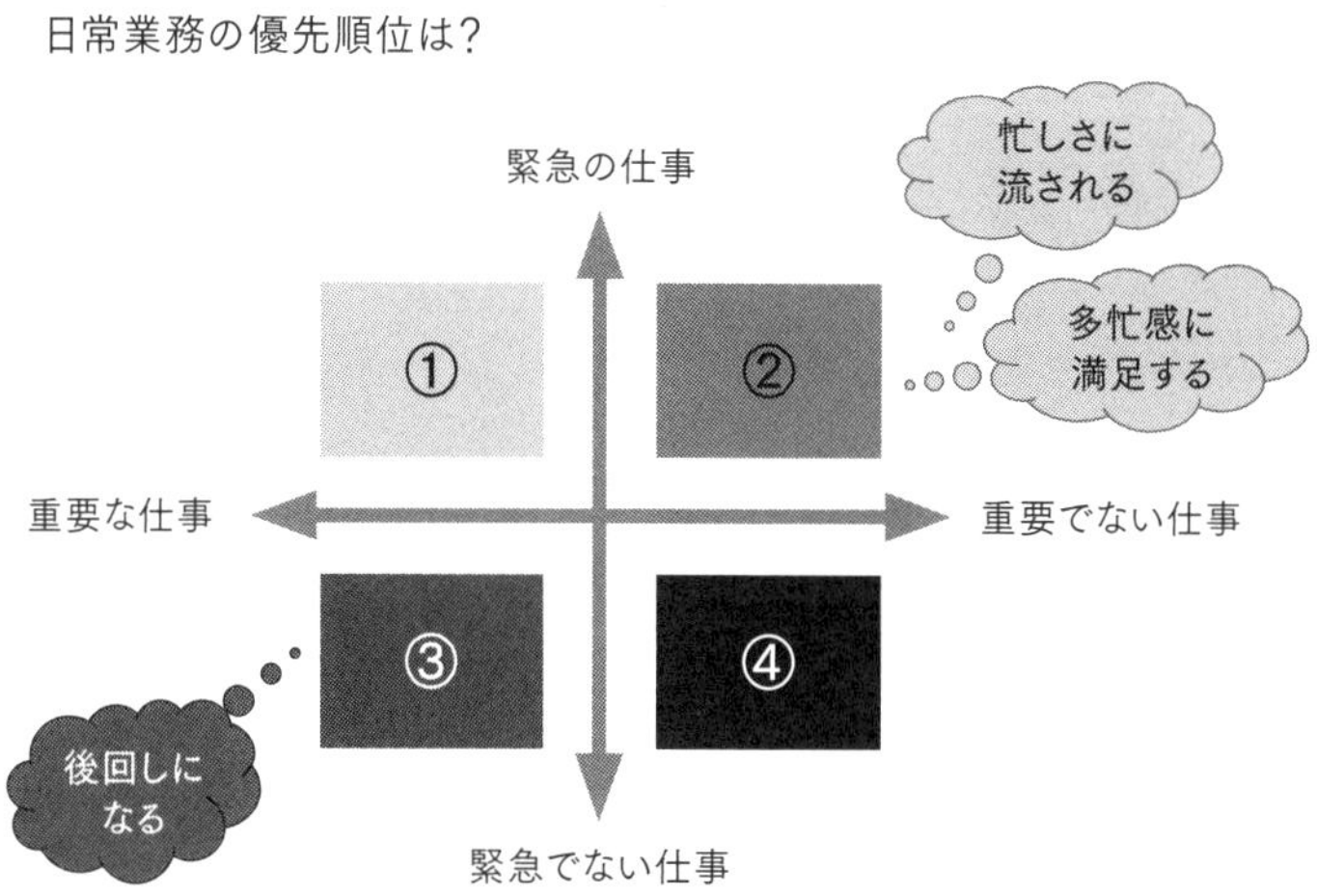

実情だ。

その結果、現場で起こっているのが「部長の課長化」だ。「大課長」の登場である。組織のなかに全体観を持つ人がいなくなり、上から下まで、日々のタスクに追われてしまう。

課長は、個々の課員の顔を見ながら、チーム（課）を束ねる。その一方で、部長は、各課長を通じて、部全体を束ねるのが本来の役割だ。つまり、課長は、点をつなげて線を作りだす。一方、部長は、いくつかの線を面で押さえていくのが仕事である。しかし、部長が課長を通り越して、個々の課員の仕事にまで口を挟んでしまうと、部長と課長の違いがわからなくなる。課員は誰の顔を見て仕事をしたらいいのか混乱する。課長と部長のポジションの重複が起こり、結果的に部長と役員・本部長の距離が空いてしまう。部長を起点とした仕事の目線が、全体的に下がってしまうのだ。

部長支援ワークショップの目的は、部長たちがそうした日常を離れて、数字の世界と距離を置き、「部長にとって重要な仕事は何か？」を内省することなのである。

とはいえ、部長にも言い分がある。日々のタスクに追われてしまう要因のひとつは、その上の人たち（上級役員、執行役員・本部長）が短期的な思考になり、細かいことにまで口を出してくるからだ。期限を区切られ、結果を求められるので、部長みずから手を出さざるをえなくなる。

かつての日本企業には、長期的な経営を特色として、変革ミドルが多階層を上下に自由に行き来することで、組織の活性度が保たれていた時期があった。しかし、二〇〇〇年代を通じて、株式の持ち合い構造が崩れ、コーポレート・ガバナンスがより複雑となり、経営陣は短期的な効率経営を求められるようになった。その結果、一部の経営者は目先の成果ばかり追うようになってしまった。一般的なサラリーマン経営者であれば、三期六年という時間軸で成果を出さなければならない。もし成果が出せないのであれば、せめて在任中に致命的なミスだけは犯さないようにする。

こうした背景があって、経営トップ、上級役員、執行役員・本部長が、

「あれはどうなってるんだ」

「これについては検討したか」

と、細かいことに口を出すようになったのである。そこには、部長たちを課長化するように追い込んでいる構図がある。だからこそ、本気で組織開発に取り組むのであれば、経営トップから始める必要があるのだ。

部長の言い分は、他にもある。長いあいだ、同じやり方で戦ってきた人からすると、ワーク・ライフ・バランスやダイバシティ推進、働き方改革といった風潮を苦々しく感じている。すなわち、次のような心情だ。

「そんなことをやっていて、勝てるのか？　俺たちが若いころには……」

あるいは新興国の駐在から戻ってきた部長からすれば、国内の議論は、井のなかの蛙のように聞こえるようだ。たとえば、

「日本でやっていることはおかしい」
「本社は止まっている」

などである。コーポレート部門や本部の施策は、外で戦っている人からすると、とても甘い話に感じられる。

さまざまな言い分がありながら、部長たちには共通して、「このままでいいのだろうか……」

という葛藤が心の奥底にある。日々のタスクに追われて指示や命令を出しながらも、これまでの自分のやり方に一抹の不安を感じている。俺たちの会社という強い想いがあるからこそ、「このままだと、まずいぞ……」という焦燥感に駆られる。ある大手自動車メーカーの部長は、「業績を追いかけすぎると、組織がおかしくなってくる」と話していた。

そうした危機意識をバネにして、「なぜ自分は部長なのか？」「部長の仕事は何か？」「いま、自分はどんな問題を抱えているか？」「自分にできることは何か？」と内省し、自ら行動を起こすきっかけをつくる。これが、部長支援ワークショップの目的なのである。

ちなみに、本書で紹介する部長支援ワークショップは一日版なので、開催場所は宿泊施設である必要はない。郊外でなくてもよい。大切なのは、日常業務に呼び出されることなくワークショップに集中できる環境であることだ。服装は役員合宿と同様に、ビジネス・カジュアルが望ましい。

2 部長支援ワークショップを設計する――気づきと自覚を促す対話

井口　社長との対話はコミットメントを得ること、役員合宿はコンセンサスを得ることが目的でした。今回のワークショップの目的は、コンセンサスもコミットメントも得て、さらにアクションに結びつける、といったイメージでしょうか。お話をうかがっていると、これまで以上にハードルの高さを感じます。

ましてや、ワークショップに参加する百人の部長は、組織の猛者ぞろいです。総勢千人が働く主力工場を率いる工場長、新興国でゼロから事業を立ち上げた元現地法人社長。そんな人たちを相手にするのかと思うと、胃が痛くなります。いったい、どうやって部長たちを巻き込めばいいんでしょうか。

加藤　組織開発が組織に浸透するプロセスは、新製品が市場に普及するプロセスとよく似ています。社会学者のエベレット・ロジャース教授が提唱したイノベーター理論です。**図21**（次頁）を組織開発に見立てて考えてみましょう。つまり、百人の部長の

図21　イノベーター理論

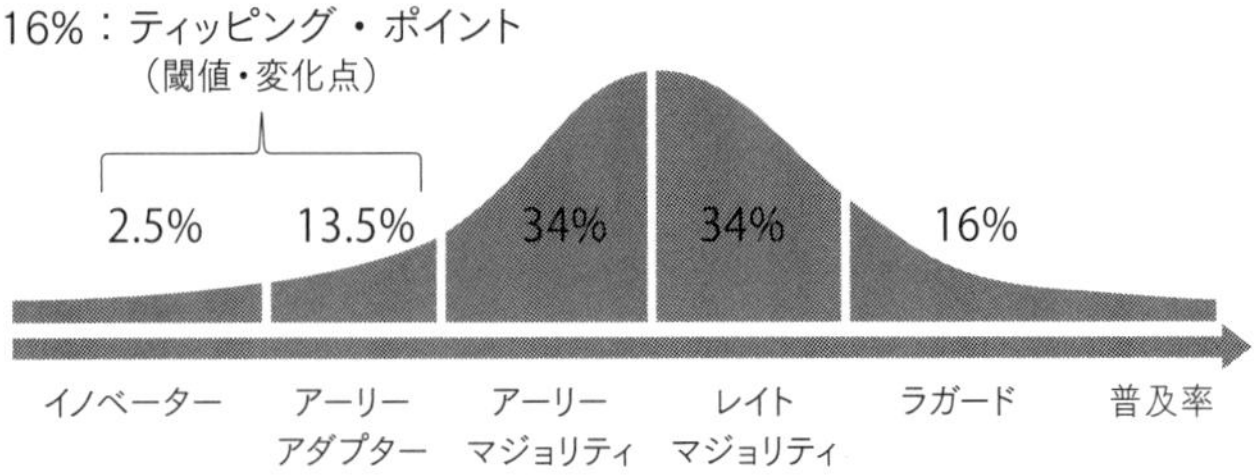

うち、十六人が取り組みに賛同して行動を起こせば、組織開発が一気に浸透していくと見なすことが可能でしょう。

十六人を巻き込むために事務局が注目すべきは、ワークショップの冒頭で反発するような人たちです。事務局への不信感、昨今の風潮の生ぬるさを感じている人は当然、不満や抵抗を示すでしょう。でも、ワークショップを通じて施策への理解が深まれば、反発の大きさに比例して、強力な推進者となるケースも多々あるんです。

つまり、組織開発という取り組みが、彼らを管理するものではなく、支援するものだと部長たちに気づいてもらえればいいんです。そのためには、どんなアプローチが必要か。それを、いまから考えていきましょう。

事前ワーク

図22（165頁）は、部長支援ワークショップの進行案（二日版）である。一回のワークショップは、二十名前後の部長でおこなうのが一般的だ。また、異なる部門の部長を交ぜたほうが会社の全体像が浮き彫りになり、対話のなかで異なる視点のフィードバックが出やすくなるだろう。

ワークショップの目的は、部長たちが組織の実態に気づき、自分が担当する組織をどうするかを考えてもらうことである。具体的には、社長の組織開発にかける想いに呼応するかたちで、「自分の組織をどう変えていくか」というストーリーを、「私」を主語にして、自分の言葉で語れるようになることだ。

そこで、事務局はワークショップの案内をする際に、「自分の組織をどう変えていくか」というストーリー作成を、事前ワーク（事前課題）として依頼する。設問例は、次のようなものだ。

1　あなたは、自分の組織の現状をどのように捉えているか？
2　あなたにとって、自分の組織の「ありたい姿」とはどのようなものか？
3　それを実現するには、何を変える必要があるか？
4　まずは、どこから始めたらよいと考えるか？

役員合宿では、「社長が始めた取り組みを、どう思っているか」を事前インタビューした。

今回の事前ワークも、参加者の考えを確認するのが趣旨だが、内容はさらに実践的なものになっている。事前課題で考えてもらったストーリーを、ワークショップを通して何度も編集していく。その編集過程で、Before/After を比較し、部長自身が深く内省する。さらにその内省を通して、問題が自分ごとになり、やがて自分の言葉が紡がれていく。これが、部長支援ワークショップの目的だ。では、冒頭の「オープニング〜セットアップ」から順に見ていこう。

オープニング〜セットアップ

オープニングではまず、「なぜいま、組織開発なのか?」という社長の想いを参加者に伝える。毎回ワークショップに社長が参加するのは現実的ではないので、進行案ではビデオメッセージとしている。役員に来てもらい、役員合宿でのエピソードを話してもらうのも有効だろう。

つづいて、従業員の意識調査の解説である。各部門の活性度の数値や、退職者数の推移を見ながら、実態(いま組織はどうなっているか)と仮説(このままだと、どうなりそうか)を提示する。同じ対象を見て話す。これが対話の場が成り立つ基本である。同じものを見て、それをどう解釈するのか。そこで生まれる解釈の違いを入り口にして、お互いの前提や背景の違いを探りあうプロセスが対話なのだ。

オープニングの次は、場のセットアップである。このタイミングで、何のためにワークショップを実施するのか、実施の目的と期待する成果を確認する。事務局とファシリテーターが自己紹介すると同時に、参加者にも自己紹介してもらう。その際、参加者には、この場にいることに関

図22　支援ワークショップの進行案（1日版）

部長支援ワークショップの進行案 1日版

午前

9:00　オープニング

- 経営トップからのメッセージ（映像）
- 従業員の意識調査の解説

9:30　セットアップ

- ワークショップ開催の目的
- 事務局／ファシリテーター、参加者の自己紹介
- 事前ワークの共有
- 場の掟

休憩

10:40　対話①（2人1組）：事象の整理

- コーチング・デモンストレーション
- ピアコーチング（40分×2回）
- 振り返り

昼食

午後

13:30　対話②（2人1組）：感情の整理

- コーチング・デモンストレーション
- ピアコーチング（30分×2回）
- 振り返り

休憩

15:00　対話③（4人1組）：ありたい姿を語る

- 8分／人×4人
- 全体共有

休憩

16:00　相互支援（4人1組）：ストーリーの編集

- 個人作業①（事前課題の見直し）
- 自己免疫システムと適応課題のワーク
- 個人作業②（自己免疫と適応課題の反映）
- 10分／人×4人

休憩

- 18:00　クロージング　　＊19:00　終了予定

してチェック・インしてもらうのである。言わば、心境の自己開示である。

ここで参加者が胸の内を吐露できるかどうかが、場づくりの鍵となる。組織開発という施策に対する不満、経営陣や本部に対する不信感、研修という形式に対する誤解など、不平不満を吐き出してもらえるかどうか。この場は、部長のマネジメントを評価し、新しい知識を詰め込むような研修の場ではなく、本音で語り、お互いを支援する場であることをモデリングするのだ。事務局自身が、自分の心境を自己開示しよう。自分自身を場の素材として使うのだ（Use of Self）。たとえば、中堅の事務局スタッフであれば、「今日は、かつての上司も参加されているので、実はとても緊張しています。でも、諸先輩が自由に発言・発想できるように、事務局として精一杯サポートします」というように。

これは場の空気感を作るのにとても有効だ。ここで本音を語りあう空気を作れないと、一日版のワークショップの場合、対話の場を立て直すことが難しくなる。事務局としては、オープニングとセットアップを特に入念に準備することが重要である。

セットアップで外せない、キー・メッセージが二つある。

ひとつは、「部長に求められる二つの顔」だ。**図23**を見ていただきたい。仕事マネジメントは、タスクを設定・管理する顔、つまり「結果のマネジメント」である。一方、組織マネジメントは、想いを醸成・刺激する顔、つまり「プロセスのマネジメント」を指す。

本来、部長にはこの二つの顔が必要だが、高速回転のビジネス環境のなかでは、どうしても前

図23　部長に求められる２つの顔

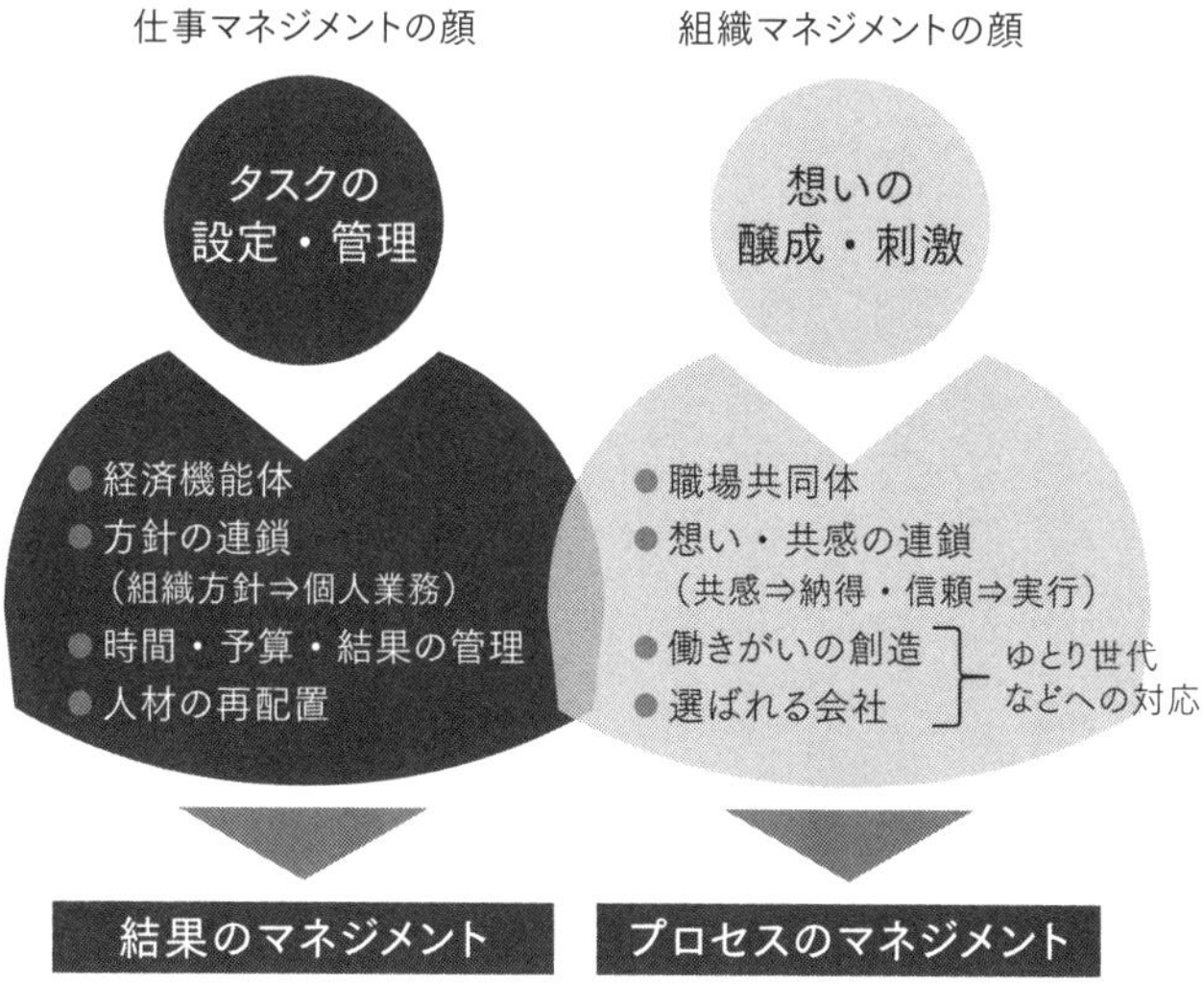

者に偏っているのが実情だろう。肌感覚で言えば、八〇対二〇くらいの比率ではないだろうか。

ある大手自動車メーカーでは、これをせめて五〇対五〇にしてほしいというトップメッセージを打ち出している。高速回転で仕事をしていると、仕事がルーチン化し、周りの仕事も見えなくなる。その結果、働きがいを感じにくくなり、働く目的を見失いがちになる。そして、組織の活性度が著しく低下してしまうのである。

では、組織マネジメントの顔を持つにはどうすればいいか。ここでセットアップのもうひとつのキー・メッセージを提示する。「ＰＤＣＡからＱＰＣＡへ」である。

ＰＤＣＡとは言うまでもなく、Plan-DO-Check-Action のサイクルだ。効率的な機能体を運営するには不可欠な考え方である。しかし、これをそのまま人や組織に適用するのは難しい。

組織を活性化するための基本は、人と人をつなぐことである。しかし、PDCAには、個の想いや感情が入る余地がほとんどない。また、人と人をつなぐことで生まれる化学反応は、事前に計画・管理して生じるものでもない。計画を起点としたPDCAという発想自体が機能しづらいのだ。実際の変革事例では、試行錯誤の過程でキーパーソン同士をつないでみたら、思ってもみなかった面白い話が生まれてきたという、偶発的な形をとることが多い。

だが、細分化された組織のなかで、孤立している人たちをつなぐのは、口で言うほど簡単ではない。孤立している人は、疲弊感や徒労感によって、自分が所属する組織への不信感を抱えていることが多いからだ。そこでまず、悩みや違和感といった、お互いの疑問を共有するのである。共有することで、自分の抱いている疑問が自分ひとりだけのものではないことがわかると、そこに安心感が生まれる。さらに共感が広がる。ここでようやく、人と人がつながるのだ。

つまり、いま組織の活性化に求められているのは、業務の効率性ではなく、組織という共同体に対する信頼・安心だ。そして、こうした信頼や安心を生む「人と人の化学反応」は、計画や管理では実現できない。遠回りのように見えるが、当事者同士の「対話」しかないのである。

そこで、PDCAからQPCAへの転換が必要になってくる。**図24**を見ていただきたい。信頼・安心を土台としたマネジメントの循環を生み出すには、計画（Plan）ではなく、まず現状に対する違和感・疑問（Question）が出発点になる。だからこそ、ワークショップに際しては、組織の「あるべき論」ではなく、問題意識（現状認識）からスタートするのである。いくら「あ

図24　PDCAからQPCAへ

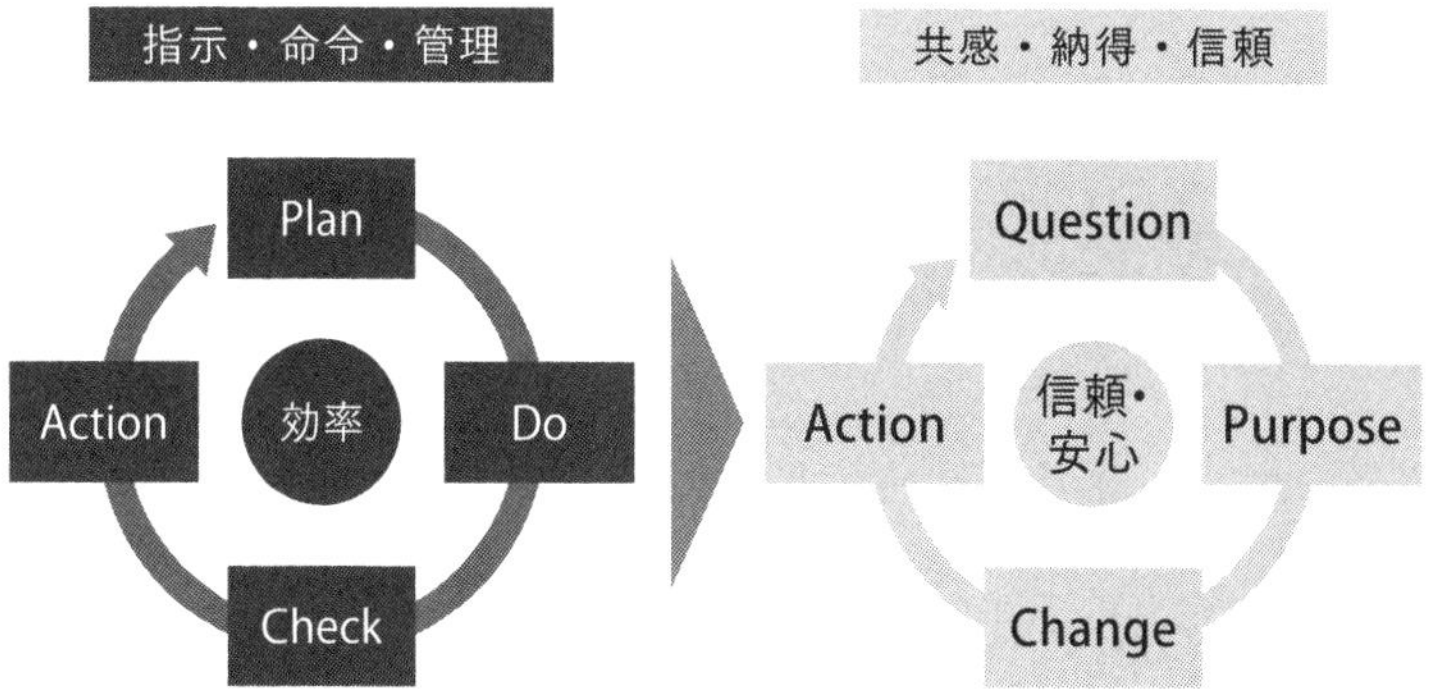

るべき論」を説いても、それが現状と乖離している以上、かえってあきらめ感やしらけ感が漂ってしまうだろう。まず、現状に対する違和感を言語化することが肝心だ。

そして、「このままでいいのだろうか？」という問いから入って対話を進めていくと、「そもそも論(Purpose)」に立ち還りたくなってくる。そうしないと、あまりにも配慮しなければいけない事情がありすぎて、現状の整理がつかなくなるからだ。

「そもそも論に立ち還る」とは、部長が自分のスタンス（立ち位置）を明確にすることである。高速回転の日常では、往々にして、自分のスタンスを明確にすることを避けている。というのも、いちいちスタンスを明確にしていたら余計な対立や調整が必要になり、日常の業務が回らなくなってしまうからだ。それなりに疑問を感じていたとしても、流されているほうが楽な面もあるので、つい目をつぶってしまう。

だが、そもそも論に立ち還ってみると、

「過去の経緯に対する配慮」

「無意識にルーチンで繰り返してしまう」

「必要だとわかっていても先延ばしにしてしまう」

ことなどが浮き彫りになってくる。そうなると、

「どこを変える必要があるのか」

「どこは変えてはいけないか」

「どこを補強する必要があるのか」

といった組織マネジメントの「ありたい姿」、さらには変えるべき部分（Change）がおのずと明らかになってくるのだ。そして最後に、どこから始めるのかという着手点（Action）を部長が決めるのである。部長が決めないかぎり、現場の組織開発は始まらない。


「部長の二つの顔」と「ＰＤＣＡからＱＰＣＡへ」の話をすると、本音で語りあう場が整ってくる。そして最後の一押しが、「事前ワークの共有」だ。「いつもの研修とは違うぞ」「これは、俺がなんとかしないといけない話なんだ」という、部長の気づきを促すための仕かけである。

事前ワークのテーマは、自組織の変革ストーリーだ。端的に言えば、組織についてどう思っているのか、という投げかけである。だが、その意図に反して、ほとんどの部長が書いてくるのは、事業方針や個人業務といった仕事マネジメント（タスク）の話である。

事前ワークを共有するときのポイントは、良い例を中心に取りあげることである。仕事マネジ

図25　事前ワーク例

	良い例	悪い例
フォーカス	人・組織	業務・タスク
現状認識（問題意識）	各技術者が、単独で戦っているのではないか。お互いの役割や技術を、尊重できていないのではないか。	新しい技術を開発できていない。経営陣の期待に応えられていない。
WHY（目的）	いま一度、開発部隊として、一枚岩になりたい。	要素技術Aの改良をベースにしながら、新しいアイテムの提供を実現したい。
HOW（方法論）	50代のベテラン層が、40歳前後の穴を埋めて、30代の若手層を積極的に支援する。	出すモノが決まらないかぎり、技術開発は進まないので、新しい売り先ルートを開拓する。
WHAT（着手点）	ベテランの持っている技術と若手の関心事のマッチングを実施する。	営業に振り向いてもらえるように、まず小さな実績を作る。

メントばかりに目が向いている悪い例を取りあげて吊し上げるのではなく、「今日のワークショップでは、こういう話を深掘りしていきます」と、話のレベル感を提示することが重要だ。

図25は、ある消費財メーカーの事前ワーク例である。ここではイメージしやすいよう、あえて良い例と悪い例を並べている。この企業のワークショップでは、事前ワークの共有のときに良い例を見せつけられた瞬間、部長たちには「やばい」という焦りの表情がうかがえた。ここでようやく、この場の緊張感やレベル感が芯まで伝わり、これまでの研修とは違うということを理解してもらえるだろう。

部長同士の対話

いよいよ部長同士の対話である。それは、「あるべき姿をいきなり語り」「現状とのギャップを探り」「解決策を考える」ようなギャップ・アプローチではない。基本的な流れは、役員合宿と同じだ。まずは現状の認識について、二人一組で対話する。部長同士のピアコーチングを通じて、自分の問題意識を言語化・見える化するのである。

この対話のプロセスを通じて、参加者の頭と気持ちが整理され、場全体に問題意識が共有されてくると、それぞれが客観的に自組織の状況を眺められるようになる。他の参加者との対話を通じて、少しずつ内省が進んでいくのである。他の参加者は同じ立場の人であって、評価する人ではない。守秘義務の約束のもとで、お互いが壁打ちの壁のようになって、自分の問題意識を深掘りしていくのである。

対話①（**図22**、165頁）では「事象の整理」、対話②では「感情の整理」を行い、自分の認識を見える化・言語化していく。対話①で問題意識を拡散させて、対話②で収束させるイメージだ。基本的な進め方は、役員合宿のピアコーチング（125頁）と同じだが、あらためて見ていこう。

対話①では、「自分は、何をどう見ているのか？」を理解するのが目的だ。

はじめに、「このままでいいのか？」という設問に対して、〈話し手〉は、事象を思いつくままに模造紙に書き出していく。次に〈聞き手〉は、「たとえば？」「それは、どういうこと？」といった、事例や意味を聞き出す質問をしながら、書き出されたことを広げていく。質問を受けて、〈話し手〉は、別の表現を模造紙に書き加えていく。こうしたやり取りをすることで、はじめは組織の問題を「よその話」と捉えていた〈話し手〉が、次第に「自分の問題」という自覚を持ち始める。これがポイントである。

次に、〈聞き手〉は、模造紙に書き出された事象のなかから、〈話し手〉の「主観的な言葉」に注目し、その言葉を生み出している背景や経緯を掘り下げていく。さらに〈聞き手〉は、「このままいくと、どうなってしまうのか?」というリスクシナリオ（連鎖）についても質問する。

以上の対話を通して、〈話し手〉の問題意識を象徴するキーワードが、模造紙の上にいくつか浮かび上がってくる。ここでは、組織について「自分は、何をどう見ているのか?」を確認できれば十分だ。浮かび上がった課題をどう解決するかについて考える時間は、そのあとに用意している。

つづく対話②は、「感情の整理」が目的だ。

対話①で浮かび上がったキーワード（問題意識）に伴う感情を整理していく。〈聞き手〉は、「それで、あなたはどうしたいの?」という、〈話し手〉の本音を引き出す質問を投げかけるのがポイントだ。組織課題の当事者である部長なら、組織で起こっている事象を、感情を伴いながら認識している。その感情（ぼやき・つぶやき、不平・不満、弱音）を言語化しながら、模造紙に書いて見える化することで、ゆっくり消化していくのである。

現場で変化を起こすのは部長層だ。彼らがここで、日々の葛藤や苦悩をすべて表に出せるかどうかが、きわめて重要だ。鬱積した感情を抱えたまま実行フェーズに入ると、どうしても変革ストーリーの内容（Doing）と、部長のあり方（Being）にズレが生じてしまう。感情を伴わない変革は、とうてい長続きしない。

大手機械メーカーでの部長支援ワークショップでは、ある製造部長が、興味深い気づきを共有してくれた。それは、対話を重ねることで人と人が連動・連鎖する「組織開発」の本質をつく発言だった。

「お客さまの喜ぶ顔が、自分たちの喜びになるという善の循環が途切れてしまっている。これが最大の問題なんだ。そしてその要因は、自分たち自身、つまり上司や部下、部署同士が、連動・連鎖していないからなんじゃないか……」

こうした二種類の対話を通じて、個人の認識のパターン、構造、価値観・信念、ときには固定観念や思い込みが明らかになっていく。

次におこなうのが、対話③である。ここで、彼らに問うのである。

「部長として、あなたは自分の組織をどうしたいのですか？」

それは理屈や固定観念による「あるべき姿」ではない。自分の想いに基づく「ありたい姿」である。それを、部長として、どう考えるのか。まさしく、部長としての「持論」である。三人称ではなく、「私」を主語にして、つまり当事者として、自分の言葉で組織の「持論」を語れるか。

内省を通じて、自分の価値観や信念に触れた人ほど、自然に多くを語りはじめる。

- 本当はこうしたかったが、これまで口に出せなかった
- いまの状態は、ウチの本来の姿じゃない
- こういう存在になってこそ、自分たちの意味があるのだと思う
- やっぱり俺たちは○○なんだなあ

「私」を主語にしたストーリーが、いつのまにか「私たち」のストーリーに変化していくこともよくある。また一部の部長は、自分の思い込みや固定観念にハッと気づいて、こう呟くこともある。

「そもそものスタートラインがずれていたんだ……」

自分の議論の前提と、受け止める部下の前提がずれていることに、ここで初めて気づくのだ。そして、部長としての「あるべき論」を捨て、部員の現実を踏まえて語りはじめる。ここに至るまで、最低でも三時間はかかる。それだけの時間とプロセスが必要なのである。

ストーリーの編集～個別ワーク

変革ストーリーの語りが収束しはじめたところで、参加者には「事前ワーク」のシートを取り出して、改めて見てもらう。すると、いま語りはじめている持論とはまったく違う次元や階層の内容だということに、部長たちは驚くだろう。そこには、あるべき論が書かれていたり、役員から言われている本部方針がそのまま引用してあったり、日常のタスク論ばかりが羅列してあったりするからだ。人によっては、ここで初めて、「組織マネジメントができていない自分」に気づく。こうして、組織開発の自分ごと化が始まる。

役員合宿と同じように、**図26**の「変革ストーリーの構成」を参考にしながら、事前ワーク（組織に対する持論）をアップデートしていく。変革ストーリーと、前述したＱＰＣＡが連動している点がポイントだ。それが**図27**である。

ちなみに、「ＷＨＹ→ＨＯＷ→ＷＨＡＴ」の流れは、『ＷＨＹから始めよ！』の著者、サイモン・シネック氏の影響を受けている。ＷＨＹ（目的）からストーリーを始めることで、その目的に共感する人をまず引きつけられるという考え方だ。

だが私の場合、シネック氏の考え方を実際の組織でそのまま適用しても、なかなかうまくいかなかった。いきなり〈話し手〉がＷＨＹを打ち出しても、〈聞き手〉がポカンとしてしまうのだ。ＷＨＹの前に触れなければならないこと、つまり〈話し手〉の現状認識（問題意識）があること

図26　変革ストーリーの構成

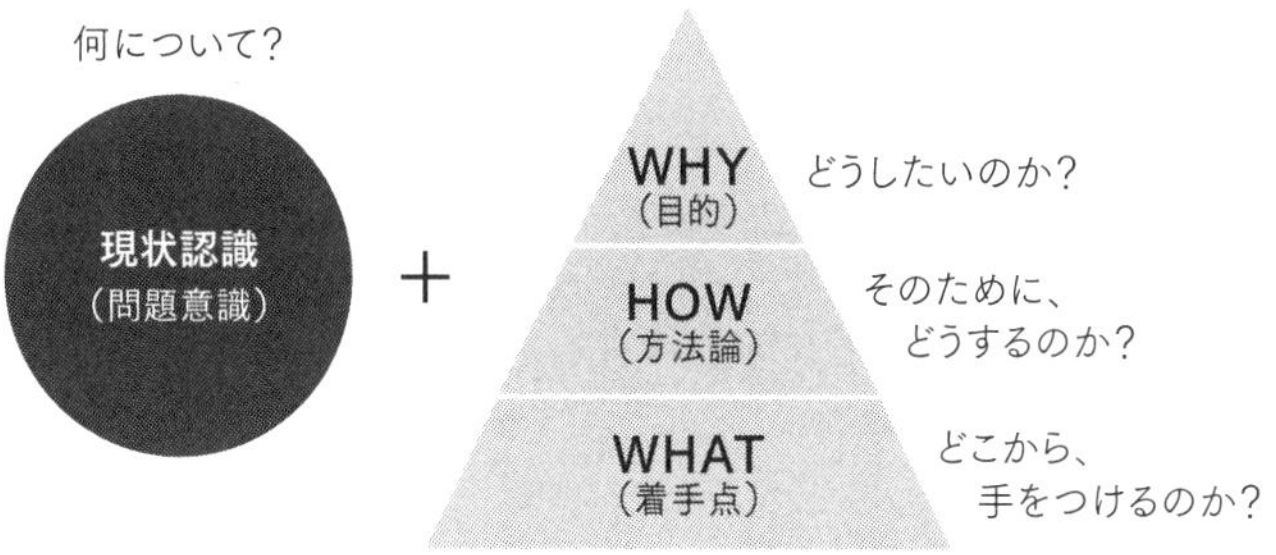

図27　変革ストーリーとQPCA

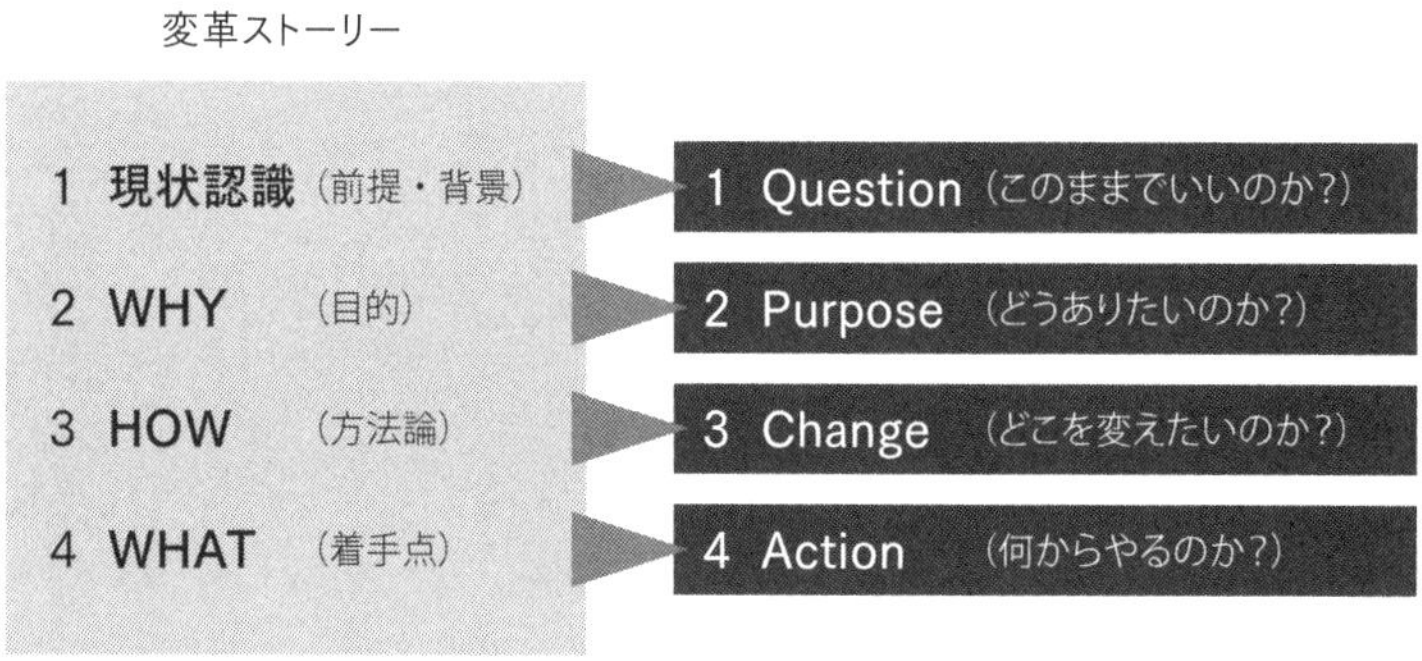

に気がついたのは、しばらく経ってからだ。そこで、多少の修正を加えた。

まず、WHYの前提となる現状認識を語る。そのうえで、「WHY→HOW→WHAT」の順序で語っていくと、ストーリーの流れが格段によくなり、説得力が増した。

このストーリー構成にすると、お互いの認識がどこでずれているかが明確になるため、実際の対話では大いに役立つ。そしてほとんどの場合、現状認識かWHY（目的）のところで、上司や部下との認識のずれが生じているのである。

ここまで来ると、部長同士の対話を経て、組織をこうしたいという変革ストーリーの輪郭が見えてくる。しかし、まだまだ「きれいごと」にすぎない。ここで大切なのは、それを口にする部長自身が何をするかだ。言っていることとやっていることに乖離があれば、「まったく、よく言うよな！」という話になりかねない。部下は部長の本気度を見ているのである。

そこで、まずは、第3章で紹介した「自己免疫システム」について、簡単なエクササイズをおこなう。**図28**と**図29**を見ていただきたい。参加者には、変革シナリオを実現するために、自分自身は何をするのか、個人レベルでの行動をひとつコミットしてもらう（行動目標）。

次に、その行動を阻害するような日常の行動をいくつか書き出してもらう（阻害行動のリスト化）。

そして、阻害行動をとる動機、阻害行動の目指している目標を考える（裏目的）。

さらに、深く内面に入っていき、その阻害行動を支えているのはどんな思考かを内省する（固定観念）。

阻害行動→裏目標→固定観念と順を追って、深層心理の階段を下りていくようなイメージだ。

図28　自己免疫システムに関する設問

① 自組織を変えるために、私は何をしたいのか?	
② **私自身は**何をするのか?	行動目標
③ 行動目標を阻む日常の行動とは?	**阻害行動**
④ ③の目標は何か?	**裏目的**
⑤ 裏目標を支えている固定観念は何か?	**固定観念**
⑥ だからこそ、自分はどう変わるのか?	私の成長課題

ロバート・キーガン、リサ・ラスコウ・レイヒー『なぜ人と組織は変われないのか』(英治出版、2013年)を参考に筆者が作成

図29　個人変革を阻む構図(自己免疫システム)の例

① 守りの部門から、攻めの部門に変化したい	
② 自らビジョンや想いを語り、侃侃諤諤の議論をする	行動目標
③ 異論や異質の議論をする人を説得してしまう	**阻害行動**
④ 部門の秩序を守りたい	**裏目的**
⑤ 誰かが秩序を守らないと、混乱が生まれるに違いない(できれば混乱をさけたい)	**固定観念**
⑥ 混乱や摩擦は、次の段階への入り口であることを再認識する	私の成長課題

「なぜ、知らぬまに阻害行動をとってしまうのか？」「その行動をしないと、どうなってしまうと思い込んでいるのか？」と内省し、自分の思い込みや思考の癖を押さえたうえで、改めて個人レベルでの行動にコミットしてもらうのである。エクササイズを経て書かれた行動は、きれいごとではない、地に足のついた内容となるだろう。それが、**図29**（179頁）である。

このエクササイズでは、何か新しいことを始めようと思っても、それを阻む力（反作用）が働くことを、部長に認識してもらいたいのである。車のアクセルとブレーキを同時に踏んでしまうようなものである。それは部下の場合も同じだ。上司がアクセルとブレーキを同時に踏んでいては、部下は「変わりたくても変われない」のである。これは、ワークショップのあとで部下と向きあうときの参考となるだろう。自己理解を深めることで、他者理解を促進させるのである。

ここで改めて、「適応課題」についても触れておこう。**図30**を見ていただきたい。

組織開発の実践は、組織の適応課題に向きあうことだと繰り返し述べてきた。変化に対する抵抗は、個人レベルだけでなく、組織レベルにもあてはまる。重要なのは、その抵抗の源を知ることだ。それは、これまでのやり方や価値観に対する喪失感である。喪失感を伴うから、変化への抵抗が生まれる。「何かを捨てる」ことを迫るだけでなく、「何を守り」「何を新たに創造するのか」を問いかけねばならない。この三つを同時に問うことの重要性を、ハイフェッツ氏は説いている。

二日がかりのワークショップであれば、ここからさらに内省を深めたいところだが、一日版では、この三つの問いを提示するだけでも十分だろう。それが、**図31**である。

図30　適応課題

『適応課題(Adaptive Challenge)』の4類型	
❶	大切にしていると言っていること(価値観)と行動が一致していない。 → その行動をとると何を失うのか?
❷	組織内でコミットメントが対立している。 → 一部の人たちに不利益となるかもしれない決断とは?
❸	言いにくいことを言わない。 → 言いにくいことを口にできる場とは?
❹	回避行為が頻発に起こる。 →「問題のすり替え」や「責任転嫁」が起きていないか?

ロナルド・A・ハイフェッツ、マーティ・リンスキー、アレクサンダー・グラショウ『最難関のリーダーシップ』(英治出版、2017年)を参考に筆者が作成

図31　適応課題に向きあう

あなたのメッセージは、自分自身とメンバーに対して

「何を捨てよ!」

と言っているのか?

そのために、

「何を守り」「何をいっしょに作りだそう」

と言っているのか?

ストーリーの再編集

自己免疫システムと適応課題のインプットを受けて、部長たちは再度、変革ストーリーの編集作業に入る。この最終段階のストーリー案は、現場の事情を加味した、よりリアルな表現に変化していく。ふだんの部長研修で出てくる「きれいごと」の行動計画とはまったく異なるものだ。

次に紹介するのは、ある大手電子部品メーカーの人事部長の変革ストーリーだ。特に、ワークショップ後の「持論」の変化に注目してほしい。

Before

- 人事制度疲労が起こっている。事業部門のニーズに応えられていない。（問題意識）
- 各事業の特性に応じた人事制度の構築ができるようになりたい。（WHY）
- 事業部門のニーズのヒアリングをおこなう。（HOW）
- 人事主導で検討委員会を立ち上げる。（WHAT）

After

- 人事のあり方がいま、問われている。人事が事業部門から信頼されていない。（問題意識）
- 人を切り口にして、事業のなかへ入っていく。（WHY）

● 制度から人へ。制度の保守管理から個人にフォーカスを変える。（HOW）
● 各部門のタレントレビューを本格化するよう、事業部門に提案する。人事部門でも、陣容の立て直しをおこなう。これまで、人事はプロパーにこだわってきたが、外部からのキャリア採用を本格化する。（WHAT）

Before／Afterを比較すると、組織課題が本人にとって「他人ごと」から「自分ごと」へと変わっていることがわかる。まず「問題意識」では、自部門が他部門から信頼されていないという事実を真正面から受け止めている。また「WHY」は、当たり障りのない表現から、一歩踏み込んだ表現に変わり、当事者としての熱意を感じる。そして「HOW」は、どこからどこへ行くのかという、役割認識の転換が明確になっている。「自分は部長として、組織をどうしたいのか」について本気で向き合わなければ、こうした認識の変化は生まれない。さらに、「WHAT」では、これまでのこだわりを捨てて自部門の変革へ乗り出す、部長の本気度が十分にうかがえる。

一日のワークショップでここまで仕上げられる人もいれば、編集時間が足りず、筆が止まってしまう人も出てくる。しかし、それはそれで構わない。現場に戻って、じっくり考えてもらえばいい。書けない部分があったら、部長は自然に上司や部下との対話を始める。ワークショップの目的は、変革ストーリーを完成させることではない。事務局に求められるのは、変革ストーリーの編集を通じて部長層を刺激し、誰が本気で動き出すのかを見極めることなのである。

まとめ

部長支援ワークショップのポイントをまとめてみよう。まず基本は、同じ材料を見て、その解釈を伝えあうことである。意識調査の結果をどう受け止め、どう理解したらよいのか。さらに自分の部署ではどうなっているのか、各部長の現状認識(問題意識)を言語化する。さらに、言語化するだけでなく、模造紙やポスト・イットで見える化すると、対話がいっそう深まる。

問題意識が確認できたところで、自組織の「ありたい姿」を語ってもらう。それは「あるべき姿」ではない。「ありたい姿」だからこそ、部下の共感を生むのだ。そして、その「ありたい姿」を変革のストーリーとして伝えるのである。部長同士で、お互いのストーリー案を披露しあい、フィードバックしあうことで、叩き台を作りあげていく。その叩き台は、ワークショップ後、自分の上司である執行役員・本部長と方向性について握り、右腕となるような番頭格の課長と実際に対話することで完成させていくのである。

事務局のスタンス

ワークショップの前半で特に重要なのは、焦らないことである。社長との対話、役員合宿を経て、事務局としては、どうしてもワークショップを成功させたいと先走ってしまうものだ。事務局リーダーの井口からも、「ここで目に見える変化がほしい」という発言があった。

しかし、三カ月にわたって組織開発プロジェクトのことをずっと考えてきた事務局と、いま初めて考える部長とでは、立ち位置が異なる。部長たちの問題意識を追い越してしまわないように注意する必要がある。先回りしてしまうと、相手の思考プロセスをついコントロールしたくなる。それが部長たちには「上から目線」「予定調和」のように感じられ、抵抗や反発がかえって高まる恐れがある。

反論や説得は禁物だ。「現場の事情を考えれば、最初はそう思うのも当然だな」というように、柔軟に受けとめよう。部長同士の対話が進んでいけば、反発や抵抗は、ほぐれていくものである。反発のエネルギーが強い人はたいてい、ワークショップの途中でスタンスが変わる。自分の状態を客観視できるようになり、「他責から自責へ」と反転するのである。これこそ、対話の力だろう。

脅かすつもりはないが、ある機械メーカーでは、最初のチェックイン（自己紹介）から、事務局への批判が噴出した。参加者のなかに同期の部長が複数いて、その連帯感から、管理本部への批判を一気に展開したのである。

「これ以上、俺たちに何をしろって言うんだ。まずお前ら、管理本部で実践して、証明してからやってくれよ。お前らは、コストの固まりなんだからな」

さすがに、こう言われると、萎縮するか反論するか、二つにひとつだと思ってしまう。しかしここでも肝心なのは、あえて受けて流すことである。このケースでは、「そういう気持ちがあるなかでも、ワークショップに参加していただき、ありがとうございます」と受け流して、場を収めた。その後、対話に入っていき、変革ストーリーの編集を終えた夕方には、その日の朝とは真逆のコメントを、部長たちから聞くことができたのである。

「事務局も大変なんだな。ありがとう。今日はよかったよ」

積極的に批判や感想を述べる人たちがいる一方で、あまり発言しない人も一定数いる。ついつい埋もれてしまうような、物静かな人たちである。そういう人たちは、あまり感情を表に出さないのでわかりにくいが、内面では静かに内省プロセスが進行している。すぐに思い出されるのが、ある精密機器メーカーのワークショップで出会った、経理部の担当部長である。三十年間、経理一筋でやってきたその人は、ワークショップの最後の振り返りで、こう発言した。

「私は、あと二年で役職定年なんです。それまで静かにしていようと思っていましたが、久々に燃える気持ちを思い出しました。入社以来かもしれませんね。いま、熱いです。しっかりした経理のプロをこの会社に残すのが私の最後の務めだと、強く思いました」

その毅然とした態度に、会場からは拍手が起こった。部長の想いに火をつける。これぞ、部長支援ワークショップの醍醐味なのである。

六回に分けて、合計百名の部長にワークショップを行うとしたら、三勝二敗一分けくらいの勝率で終われば十分だと、個人的には思っている。勝ち負けにこだわるわけではないが、この部長支援ワークショップは、事務局にとって初の試みである。各回の参加者のうち約半数の部長が、「現場に帰ったら、さっそく上司や部下と対話して、変革ストーリーを完成させますよ」と言い残して、その場をあとにする。組織の猛者たちには、これくらいの余裕をもって向かっていこう。

事務局の役割

このワークショップにおける事務局の役割は、何といっても、どの部門の、どの部長が本気かを見出すことである。もちろん、場のファシリテーションや裏方の仕事もあるが、この場は、各部門の実態に触れる絶好の機会でもある。誰が実際に動きそうか、ストーリーの編集過程から見て取れるのである。

事務局のメンバーが経営トップに提案したときのことを思い出してほしい。あるいは、役員と本部長とのやり取りを思い出してほしい。実際には、変革のシナリオの中身以上に、本当にこの人は実行するのかという覚悟が問われていたのである。

では、事務局はどうやって部長の本気を見極めるのか。それは、「あくまで自分の言葉で語っているか」「それが、ストーリーになっているか」という点である。抽象的な言葉や、社内のありふれた表現を使っている段階では、ストーリーが自分のものになっておらず、現場に帰っても動けないだろう。エッジの効いた、コピーライターが作るような表現である必要はない。素朴な表現でかまわないが、その人らしい表現であるかどうか。語る内容と語る人の一致感が大切である。自己一致感がないと、変革ストーリーを聞く部下にしてみれば、また研修に行って変な影響を受けてきたのではないかと疑心暗鬼になってしまうことだろう。

ワークショップ終了後は、各部門で変革ストーリーがどのように進展していくかをフォローしていく。ただし、それは行動計画を点検・管理するためのものではない。あくまでも実行支援のためである。事務局が「その後の進捗をモニターしてフィードバックする」と言ってしまっては、ふたたびPDCAの世界に逆戻りである。事務局が自己矛盾をおこさないように注意したい。点検や管理ではなく、ぜひ、次のように宣言してほしい。

「みなさんの手かせ足かせがなくなるようフォローしていきます。社長や役員とも、ちゃんと話します。だから、我々を思う存分、使ってください」

あくまで支援するスタンスを忘れないように心がけよう。

3 現場の変化を支援する——部下と語り合う「智慧の車座」

井口　おかげさまで、部長支援ワークショップの目的と内容が、かなり具体的にイメージできてきました。でも、いまいち釈然としないのは、コンセンサスとコミットメントを得てから、どうやって部長のアクションに結びつけていくかってことです。社長と役員たちには、空気感を醸成してもらうことでしたが、部長には具体的な行動が要求されますよね。

ワークショップのあとで目に見える変化がないと、プロジェクトが行き詰まるような気がします。ワークショップをやって、本当に部長たちは何か行動を起こすでしょうか。彼らが動き出すために、事務局ができることって、まだありますか。なんだか、ワークショップをやる前から心配で……。

加藤　私のこれまでの経験では、部長支援ワークショップのあと、二割程度の部長が自組織の本格的な改革に乗り出します。そしてほとんどの場合、ワークショップと同じような対話を始めます。良い体験をすると、同じ体験をさせたいと思うからでしょうね。その際、部下と対話する前に上司と対話して、現状の認識と今後の方向性について握っておくことが大切です。

そして、部下と対話をするときは、ワークショップでやった二人一組の対話（1 on 1）も有効ですが、部長と課長数名でおこなうグループ対話も効果的です。部のマネジメントにかかわる人たちが、同じ場で本音を語りあい、本心に気づき、本気につながっていく。今日は、そのための手法として「智慧の車座《くるまざ》」をご紹介しましょう。

「智慧の車座」とは、六〜七人が集まって、お互いの問題をほぐし、智慧を出しあう対話の手法である。**図32**を見ていただきたい。ひとりが相談者、もうひとりが司会進行役、他のメンバー四〜五人が支援者となる。参加者が文字通り車座になって座り、7つのステップ（**図33**、193頁）に沿って対話をおこなう。1ターンが終わったら、相談者と支援者一名を入れ替えて、ふたたび対話をおこなうという流れになる。では、7つのステップをざっと見ていこう。

まず「①セットアップ」で、司会が「場の掟」（**図34**）と時間配分を確認する。

次に「②問題提示」で、相談者が、相談したいことをできるだけ具体的に、エピソードを交えて、自分を主語にして語る。

図32　智慧の車座：メンバー構成

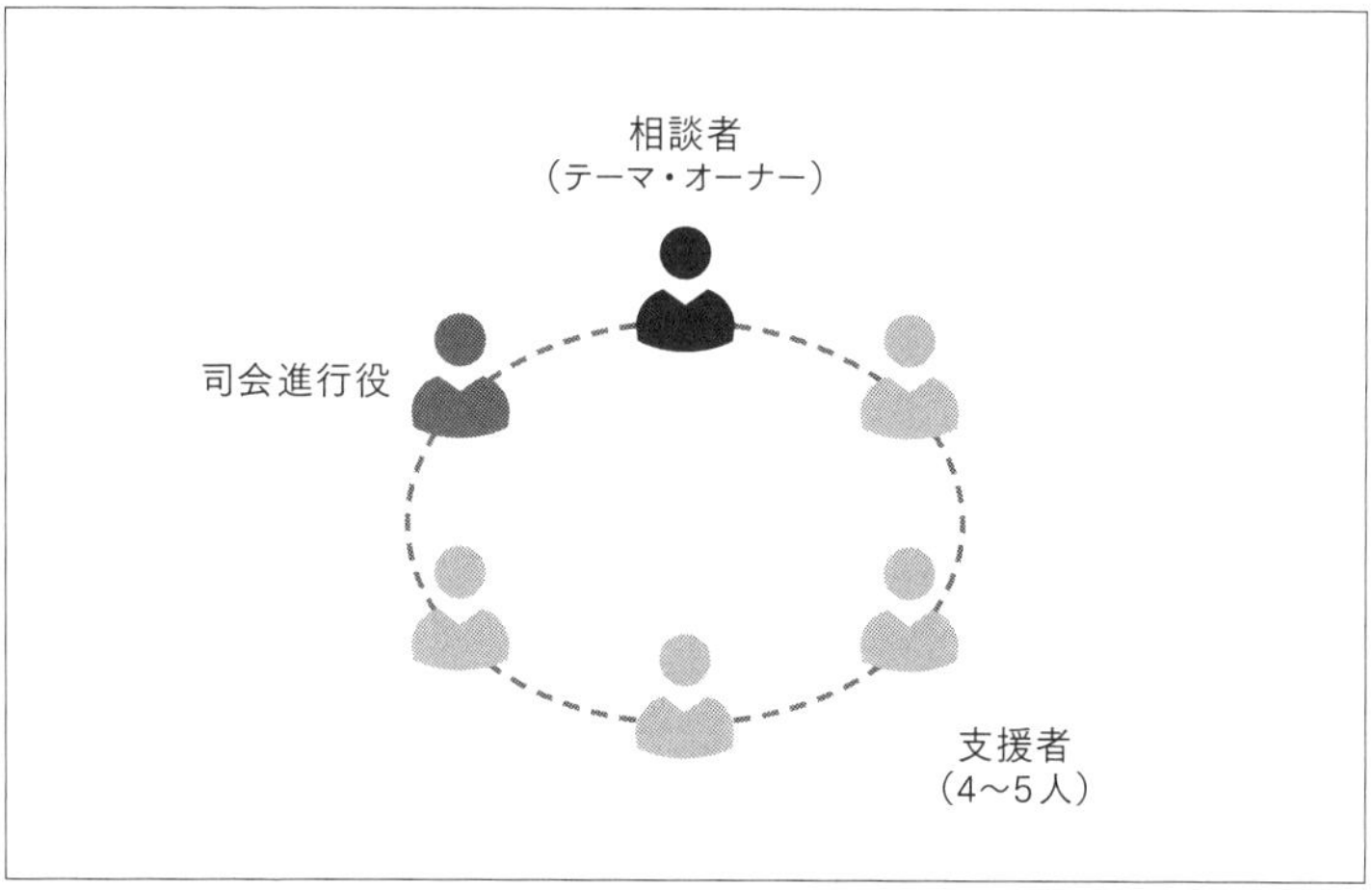

図34　場の掟

1　守秘義務

ここだけの話でお願いします

2　正解はひとつではない

無数の可能性がある

3　素朴な疑問を大切に

素朴な質問が相手を救う

4　無責任に発言する

他者の発言に対して評価しない、自分の発言に対して無責任になる次の「③質問タイム」で、支援者と司会が順番に質問して、相談の内容を掘り下げていく。最初は事実や状況の確認でかまわないが、聞いていて気になったキーワードを拡げる質問もしていこう。たとえば、「閉塞感」をキーワードにした場合の質問例を、**図35**に示した。

質問が終わったら、支援者たちが「④直感を伝える」。相談者が語った内容や、質問の受け答えを聞いて、「私には○○と聴こえた」とか「私には○○に見えた」など、相談者に対する自分の印象を、無責任かつシンプルに伝える（リフレクション）。ここで大切なのは直感を伝えることであって、なぜそう思ったかを解説する必要はまったくない。

図35　相手のキーワードを拡げる質問例

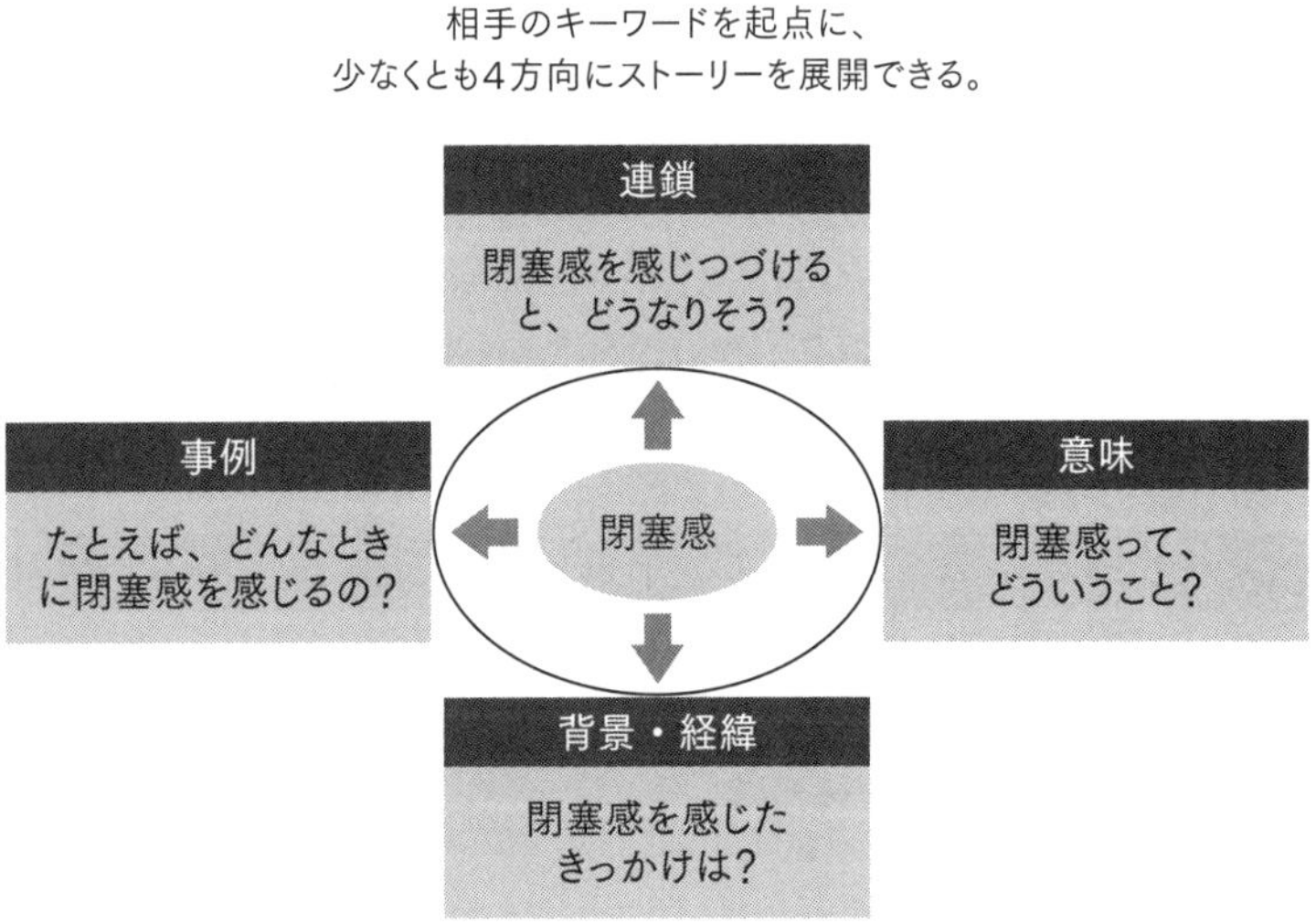

図33　智慧の車座：７つのステップ

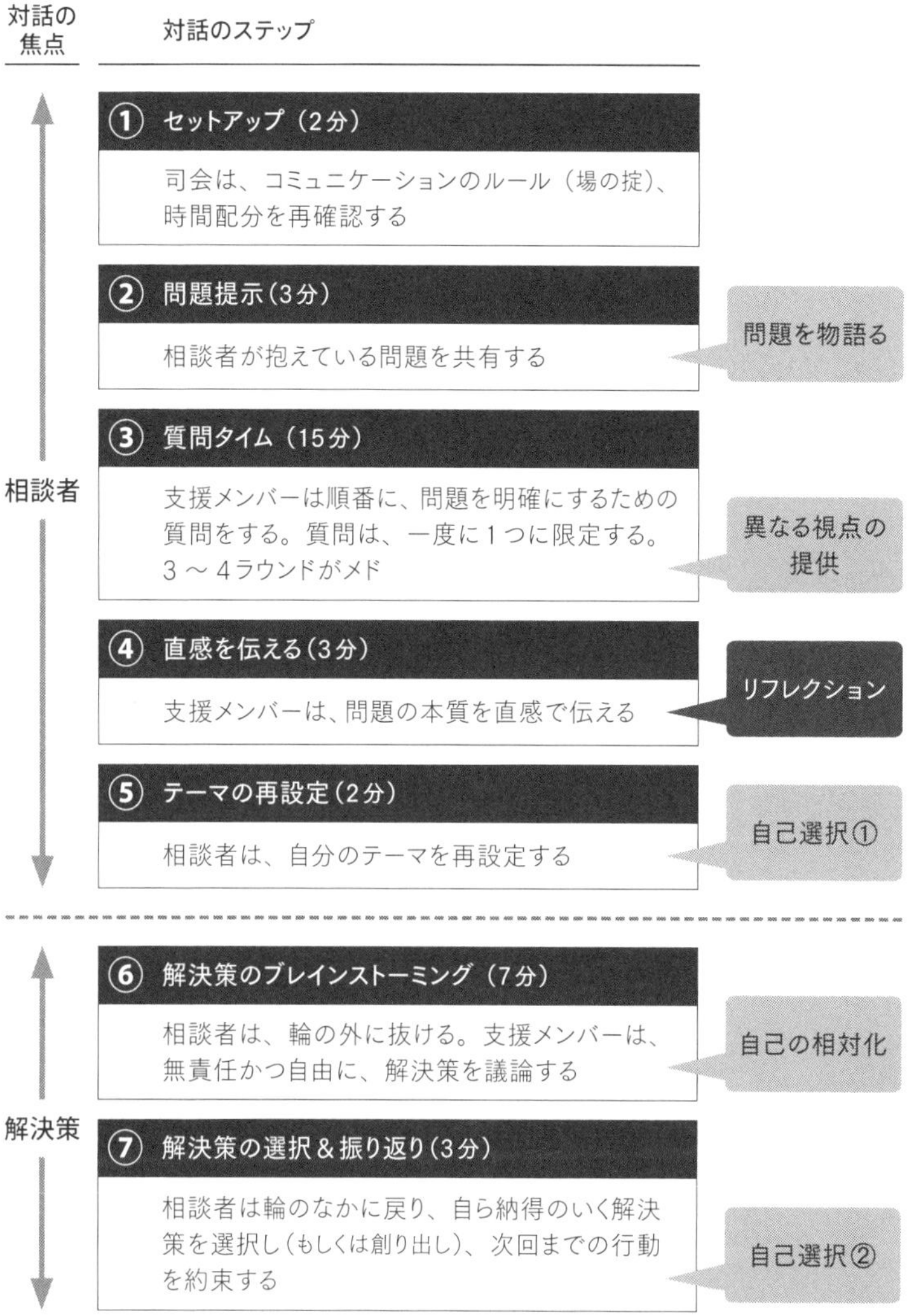
対話の焦点
対話のステップ
① セットアップ（2分）
司会は、コミュニケーションのルール（場の掟）、時間配分を再確認する
② 問題提示（3分）
相談者が抱えている問題を共有する
問題を物語る
③ 質問タイム（15分）
支援メンバーは順番に、問題を明確にするための質問をする。質問は、一度に１つに限定する。3～4ラウンドがメド
異なる視点の提供
④ 直感を伝える（3分）
支援メンバーは、問題の本質を直感で伝える
リフレクション
⑤ テーマの再設定（2分）
相談者は、自分のテーマを再設定する
自己選択①
相談者
⑥ 解決策のブレインストーミング（7分）
相談者は、輪の外に抜ける。支援メンバーは、無責任かつ自由に、解決策を議論する
自己の相対化
⑦ 解決策の選択＆振り返り（3分）
相談者は輪のなかに戻り、自ら納得のいく解決策を選択し（もしくは創り出し）、次回までの行動を約束する
自己選択②
解決策

加藤雅則『自分を立てなおす対話』（日本経済新聞出版社、2011年）を参考に筆者が作成

相談者は、支援者たちの直感を聞いたうえで、自分が相談したい「⑤テーマの再設定（リフレーミング）」をする。このステップまでの対話の焦点は、相談者本人である。つまり、何かを問題だと語っている本人の心情や、その背景にある思い込みに注目するのだ。

次のステップからは、いよいよ解決策にフォーカスする。テーマを再設定したら、相談者はここで車座からいったん離れて、支援者たちから表情を見られないように背を向ける。相談者の反応を気にすることなく、支援者が発言できるようにするためだ。支援者たちが「⑥解決策のブレインストーミング」をおこなう際も、彼らが問題に無責任になれるかどうかが重要である。思いつくままに解決策を出すこと。自分ができそうになくてもかまわない。その無責任さが、背中越しで聞いている相談者の発想を、予想以上に刺激するのである。

アイデアが出尽くしたところで相談者は車座に戻り、ブレストの感想を述べて、解決策を選択する。妙案がなければ、自分の思いついた案でもかまわない。それもピンとこなければ、再度、相談するテーマを設定しなおして、⑥と⑦を繰り返す。

相談者一人に費やす時間は、三五～四〇分くらいが望ましい。長時間、人の話を聞きつづけて、解決策も出すとなると、集中力がつづかない。一回につき相談者は二～三人とし、定期的に開催するのが効果的だ。

事務局の力量

「智慧の車座」の一連の流れを見ると、いたって簡単で、すぐに実施できると思うかもしれない。確かに、部署や事業部は異なるものの、役割や肩書きが似ている人同士でおこなうと、共感や気づきが生まれやすく、対話はとてもスムーズに進む。だが、部長と数名の課長というように、上司と部下が智慧の車座をおこなう場合は、注意が必要である。

相談者の語りを聴いているうちに、自分が責められているように感じて、つい反論してしまったり、また、誰の意見が正しいか、間違っているか、という議論をしてしまいがちだ。さらに、同じ部署のメンバー同士となると、自分も当事者なので、無責任で、自由な発想をするのが難しくなる。一人ひとり、立場や人間関係が絡んでくるからだ。

ここで重要なのが、司会の力量である。対話が議論に変質しそうなときは、迷わず介入して流れを戻す。当たり障りのない質問に終始しているときは、視点を変えるよう促す。意見を言うのではなく、一歩引いて全体を俯瞰し、流れを読むことが求められる。だが、部門内での車座の場合は、部長や課長にはなるべく対話に集中してもらいたい。そこで、事務局の出番だ。サブの司会として、対話の場をフォローしていくのである。

事務局の力量が問われた、ある機械メーカーの「智慧の車座」を紹介しよう。

かつては事業部の稼ぎ頭だった一般産業用機械（一産）の売上が、ここ数年は伸び悩み、最近では、「社内のお荷物」とまで陰口をたたかれていた。一産を担当するB営業課長は、かねてからこの状況を打破したいと考えていた。

智慧の車座では偶然、B課長、A部長（直属の上司）、Z部長が同じチームに入った。A部長とZ部長は社内でも有名なライバルだったため、場に緊張が走った。「これは何か起こりそうだ」と思い、事務局の一員だった私（加藤）はこのチームに張りつき、サブ司会のつもりで推移を見守っていた。すると一人目の相談者になったB課長が、温めていたプランを語りはじめた。

B課長――一産はお荷物、これからはエレクトロニクスだ。社内にいると、そういう声が嫌でも聞こえてきます。人員削減も進み、西日本エリアの担当者は実質、私一人になってしまいました。でも、この分野は、まだまだ深掘りできると思ってます。私に、営業マンを五人、預けてもらえないでしょうか。試してみたい営業モデルがあるんです。

これは事実上、自分のためのポジションを作ってほしいという、かなり大胆な相談（テーマ）だった。他のメンバーは腰が引けてしまい、当たり障りのない質問（「どんなメンバーが必要？」「ターゲットは、どこ？」「売上の見込みは？」）ばかり出してきた。相談者本人に向けた質問は、まったく出てこない。そんなとき、B課長の斜め上の上司であるZ部長が質問した。

Z部長——Bさんはさあ、いまの営業体制をいったん解体して、Bさんを中心とした遊撃部隊をつくりたいんじゃないの？

B課長——まさしく、その通りです。僕に預けてもらえれば、いま課題になっている若手の育成までいけると思っています。

A部長——要するにBさんは、俺のやり方に不満があるんじゃないのか？

A部長は、西日本エリアを管掌している。ちょっと空気が暗転してきたので、私は、割って入って問いかけた。

加藤——ちょっと、いいでしょうか。お話を聴いていると、何が正しいか正しくないかの議論になっているようです。相談内容ではなく、相談者に光を当てるということで、いかがでしょうか。たとえば、こんな質問です。「どんな問題意識が働いて、Bさんはこのプランを思いついたのですか？」

A部長——そうだった。それが聴きたかったんだ。いかん、場の掟を破ってしまったよ。

A部長からもZ部長からも笑みがこぼれ、このやり取りをきっかけに、冗談も出てくるようになった。

Ｚ部長――一般産業用なんて言ってるから、いつまでたっても一般のまま、総論のままなんだよなあ。

質問やコメントが出尽くしたところで、Ｂ課長が相談内容を再設定した。

Ｂ課長――僕が考えているのは、各地域の工業地帯に入り込んでいって、業界を問わず、一度、水平展開をやってみる。まずは、Ｚ部長の管掌となっている○○工業地帯に打って出たい。そこに営業マンを集中投入したら、突破口が見えるような気がするんです。ちょっと越境行為になりますが、これはどうしたら可能になるのか、みなさんに相談したいんです。

このテーマのもと、Ａ部長もＺ部長も、いったん自分の立場を離れて、無責任にアイデアを出しはじめた。

Ａ部長――全社的な方向性からは外れているけど、試す価値はありそうだな。

Ｚ部長――俺ならまず、社内のＧ部長を巻き込むなあ。業界を超えたプロジェクトを何度もやっているし。

A部長――○○工業地帯といえば、S社があったよなあ。S社の担当者と製造のG部長は懇意だから、そこから攻めていくといいんじゃないか。

うなずいたり、時に頭を抱えながら、背中越しに話を聞いていたB課長が輪に戻った。

B課長――いっぱいアイデアをいただき、ありがとうございました。最初はかなり迷ったのですが、肚をくくって相談してよかったです。一度、正式に提案させてもらいます。

それに対して、上司のA部長が応えた。

A部長――俺はいつも詰める議論ばっかりしてるから、B課長がこんなことを思っていたとはぜんぜん知らなかった。Z部長とは、一産の対策を練る必要があると、先日も話していたところだ。その流れをうまく使ってほしい。しかし、こういう対話も、いいもんだなあ。結果を求めない会議。結論を出さなくていい会議。大いに視界が広がったよ。

シンプルだけど侮れない

組織のなかで個人が抱える問題や悩みを、自分の言葉で語り、さまざまな視点を得て、問題を再解釈し（リフレーミング）、最終的には、解決策を自分で選びだす。これが、「智慧の車座」の目的だ。7つのステップは、さして目新しいものではないが、この手法を取り入れた企業の方と話していると、「シンプルだけど侮れない」というのが特徴のようである。そこには、意外な副次効果もあるようだ。

1　問題を通してつながる
当事者同士が輪になって本音で話すと、お互いの問題が共有される。すると、あの人の問題は私の問題、私の問題はあの人の問題というように、問題を通して、共感とつながりが生まれる。

2　共通感覚を再確認する
車座を繰り返していくと、不思議と共通の意識が浮かび上がってくる。それは、知らぬまに自分の血となり骨となっていた、会社の価値観や仕事のやり方である。たとえば、社会インフラを担っている公益系企業では、社会の基盤を支えているという自負を社内の誰もが持っていて、事故や災害が起こったら、決して逃げずに現場に駆けつけるという行動様式が、身体に刻み込まれている。メンバーが潜在的に持っている、こうした「共通感覚」を言語化することは、組織の活性化につながるだろう。

3

暗黙知が活性化する

お互いの問題に、いい意味で無責任に発言して、解決策を提案していくと、思わぬかたちで個人の暗黙知が現れる。誰かが、個人的な体験を相手に伝えようとして言語化する。すると、それが刺激となって他のメンバーからもアイデアが出てくる。いままで表に出てこなかった組織の智慧（暗黙知）が、車座によって言語化されていくのである。

4

聴く姿勢と問いかけのマインドが育つ

心を開いて人の話に耳を傾ける。相手の役に立てるよう問いかける。こうした行動は、部門のトップである部長であっても苦手とする人が多いようだ。スキルはすぐに学べるが、マインドが育つには時間がかかる。その点、この智慧の車座は、お互いに問いかけて、耳を傾けあうので、良いトレーニングの場となるだろう、質問と傾聴の役割を数人で分担しており、参加者の心理的負担が少ないので、長続きしやすいのもポイントである。

4 変革事例をヨコ展開する——事務局の本領発揮

井口　第一回目の部長支援ワークショップ、お疲れさまでした。笑ってしまうほど、疲れましたね。いきなり「組織開発だか何だか知らないが、要は研修だろう？　早く帰りたいから、とっとと始めてくれよ」ですもの。凍りつきました。役員合宿とは、ぜんぜん雰囲気が違うんですから。一日を終えたときには、大きなため息が出ました。
　でもね、加藤さん。あれから二週間が過ぎて、ちょっと興味深い動きが出てきました。事前ワークで、事業部方針をそのまま引用してきた部長を覚えてますか？　彼が役員と課長数名を巻き込んで、ユニークな取り組みを始めたんです。社内では、もうその話題でもちきりで……。

加藤　確か、千人規模の工場を率いている部長ですよね。ワークショップで突然「いちばんの問題は俺だったかぁ！」と叫んで、ひときわ注目を集めていたので、よく覚えています。でも、ワークショップの冒頭では、かなり批判的なコメントを連発していましたね。意外な展開ですが、そのお話、ぜひ聞かせてください。

部長の試行錯誤を支援する

部長支援ワークショップとは、部長層への刺激だ。その刺激に反応するかしないかは、その部長次第だ。各部の事情もある。動き出す部長の多くは、「これをいい機会にして、これまでやろうと思っていたことをやってしまおう」と考える人であるように思う。良い意味で、この社内の追い風を利用しようというタイプの人たちだ。

すでに社長みずからがコミットしており、役員も表立っては反対しないことになっているので、前提条件は整っているはずだ。そういう人たちは、日頃から会社や部門の将来を見据えて、「このままでいいのか？」と問題意識を持っている人たちだ。組織開発の実践は、そうした存在をあぶり出し、彼らにスポットライトをあて、会社として彼らの動きを支援することなのである。

ある精密機器メーカーの事例を紹介しよう。中国の生産拠点を任されている生産技術部長の取り組みである。部長支援ワークショップでは、日本のマザー工場で実践しているやり方が、なかなか現地に浸透しないという悩みを吐露していた。大事なラインを任せても、任せきれないので、日本人駐在スタッフが残業してカバーする状態がつづいていたのである。それを現地スタッフは悪いとは思わず、給料の高い日本人スタッフの役目だと言い訳する始末。

その部長は、変革ストーリーを作成しても、現地スタッフに響くイメージを持てなかったので、ワークショップが終了したあと相談にやってきた。事情を聞いていると、現地スタッフとのあいだで共通言語が作りだせていないのではと感じた。そこで、前にベストセラーで話題になった『もし高校野球の女子マネージャーがドラッカーの「マネジメント」を読んだら』の映画版を現地スタッフといっしょに観て、対話するというアイデアを出した。以前、ある電気機器メーカーの部長研修で『もしドラ』を対話の材料に使用したところ、タイの生産拠点長が「日本的なチームワークを現地スタッフに伝えるのに、ぜひ使いたい」と話していたのを思い出したからだ。「ぜひ自工場で試してみたい」と部長が乗り気になったので、事務局は、中国語字幕入りの『もしドラ』のDVDを急いで調達。そして、その部長が企画したのが、日本人スタッフと現地スタッフが、紹興酒を飲みながら、いっしょに『もしドラ』を鑑賞するというイベントだった。同じ空間で同じものを観たあとに、部長は、拠点でおこなわれている取り組みの意味、それを担当している自分の想いを語りなおした。すると現地スタッフから、こんな反応があった。

「任期を終えて帰国する日本人は、いつも急いで現地スタッフに仕事を押しつけようとしていると思っていた。でも実は、自分たちを成長させようとしていたことが、いまわかった」

チームワークに関する共通イメージ、共通言語ができたのだろう。この小さな取り組みは、「日本人の考え方がよくわかる」という現地スタッフの口コミで、またたくまに中国の生産拠点にも紹介され、広がっていった。ヨコ展開の典型例である。事務局は、この一連の動きを取材して、その後の部長支援ワークショップで事例共有し、また全社員向けの社内報でも積極的に発信していった。

事務局の重要な役割のひとつは、部長の試行錯誤を個別支援していくことである。事務局自身が改革の具体的なアイデアやネタをもっているわけではない。実際にできることは、他の部長の取り組み事例を紹介し、変革事例をヨコ展開していくことだ。

「あの部門の、あの部長が、あのワークショップのあとで、こんなことをやっていますよ」といった、具体的な取り組み事例の引き出しを増やしていくことが、部長層にとっての最大の支援となるのである。部長は具体的な事例に反応しやすく、特に部門ごとに比較されると本気になりやすい。

こうした動きは適宜、社長にも報告して、ラウンドテーブル、経営フォーラムなどで、具体的な実践事例として取り上げるといいだろう。組織全体で、新しい試みを認知し、祝福して、新しい価値観・新しい行動パターンを定着させていくのである。

さらに、役員と部長、部長と課長・課員をつなぐことも、事務局にとって大切な役割だ。部長のキャラクターによっては、上司・部下・同僚との関係構築が苦手な人もいる。そういう部長に対しては、事務局があいだに入ってつなぐ、という役割も大切だ。たとえば、三者面談である。部長と課長の対話に、事務局も参加させてもらうのである。こうした活動は事務局にとっても、組織実態に関する感度を高めることにつながるだろう。

「活発」部署と「苦悩」部署を支援する

ワークショップに参加していると、積極的・前向きなのは「どの部署の誰か」が見えてくるはずだ。迅速に、自分なりに動き出す部長がいる一方で、様子見の部長もいる。何かやろうと思っても、日常業務に忙殺されてタイミングを逸している部長や、何らかの社内事情で動くに動けない部長もいるだろう。部長が事務局に支援を求めてくれれば話は早い。だが、表だって声をあげにくいというのが部長の心情だ。事務局から「どの部署を支援したらよいか」という相談を受けることもかなり多い。

そこでポイントとなるのは、変化の兆しが生まれている「活発」部署と、何かしら問題が起こって困っている「苦悩」部署の二つを、段階的に支援することだ。どんな会社にも、すでに外部環境の変化を感じて、自分たちなりの試行錯誤を始めている部署が必ずある。それは、本社管理部門の部署ではなく、外部との接点がある部署、もしくは現場を持っている部署であることが多い。そうした部署の部長は往々にして、ワークショップも前向きに参加している。

まず事務局は「活発」部署に対する対話支援をおこない、これまでの彼らの取り組みにおける工夫や試行錯誤を吸収していく。そこには、共通のパターンや、本人たちが無意識に取り組んでいる特徴などがあるだろう。第三者に語りなおすことで、彼らは自分たちの取り組みを見える化できる。

そうした材料集めをしたあとに、今度は「苦悩」部署の支援に入っていく。彼らは真剣に解決策を求めているので、事務局の支援を前向きに受け入れやすい。はじめに事務局は、他部署の先行事例を対話の材料としながら、彼らが本当は何に困っているのかを明らかにしていく。やがて、向きあうべき本質的な課題が明らかになると、当事者から具体的な智慧ともいうべき解決策が自然に生まれてくることが多い。

大手消費財メーカーの事例を紹介しよう。部長支援ワークショップのあと、事務局と私は、二つの部署に対する支援に力を入れた。A工場とZ工場である。

A工場は、東日本大震災や大雨洪水といった自然災害に見舞われたことを契機として、これまでの工場経営をオペレーション（事業軸）だけでなく、組織文化（人軸）という観点からも見直してきた。組織変革に先行して取り組んでいた、いわゆる「活発」部署である。一方のZ工場は、周辺工場の集約化という経営判断に伴い、現場に混乱が起こっていた。まさに「苦悩」部署である。

事務局はまず、A工場における対話の支援に乗り出した。彼らの対話に自ら加わることで、変革の取り組みを加速させた。さらに、これまでの取り組みの経緯や特徴を理解していった。

そうした智慧をたずさえて、事務局はZ工場の対話支援に乗り出した。A工場の取り組みを材料にした対話は、工場長と部長、部長と課長、課長とライン責任者の共通認識を作りだすうえで好評を博した。活発部署（A工場）の現場における対話が、苦悩部署（Z工場）にとって刺激剤となったのだ。

くりかえしになるが、組織開発で突き当たる問題の大半は「適応課題」だ。事前に解決策はなく、当事者の試行錯誤によってのみ道はひらける。当事者が課題に向きあうプロセスに事務局が付きあうことで、当事者は、何が課題の本質かを言語化できるようになる。さらに当事者同士の対話のなかから解決策のアイデアが生まれてくる。

現場が自らの適応課題に向きあうために重要なのは、まず部署・部門のトップである部長が、自己免疫システムで触れたような「自分の弱さ」を認めることだ。弱さを認める（受け入れる）ことで、部下の能力不足や不甲斐なさを許せるようになる。その結果、部下との対話の質が変わり、打ち手が見えてくる。

組織開発の原則は、その対象となる組織のトップから始めることだ。したがって、部長支援ワークショップ後に事務局が現場に入っていく際は、その現場のトップである部門長・部長から始めることになる。彼らの自己変革を、部下との対話にどう結びつけ、いかに変革の種をまくか。これが現場支援の鍵のひとつである。

手かせ足かせを取り除く

ワークショップの最後に、事務局はこう宣言した。

「みなさんを管理しません。支援します。手かせ足かせを外していきます。思う存分、私たちを使ってください」

労力を惜しまず動きまわり、思う存分、使われてみよう。事務局がその気になれば、さらに一歩踏み込んだ「支援」も可能だ。

ある大手電気機器メーカーの事例で本章を締めくくろう。

インドの現地子会社から、本社に逆出向しているインド人の購買部長A氏がいた。外部のフレッシュな視点を持っているA氏は、部内でおこなわれている、ある承認プロセスに疑問を感じていた。主任が起案した文書に係長が手を入れ、さらに課長が手を加え、自分（部長）のところへ持ってくる。自分が意見を言うと、課長から係長へ、係長から主任へと文書が戻っていく。A氏はふと、「どうせなら、最初から全員で話せばすむことなのに」と思った。そして、彼特有のジョークでこう表現した。

「Operation was successful, but the patient died.（手術は成功したけれど、患者は死んでいる）」

手順はしっかり守っているが、本来の目的が見失われている。彼にはそう見えたのだ。

A氏の素朴な疑問に答えるために、事務局は周辺事情を調べた。すると、ある部品の購買について、過去に深刻な品質問題が発生しており、それを機に、承認プロセスが厳格化されたという経緯がわかった。しかし、それはもう七年も前の話だ。過去の事件を引きずって、変えてはいけないタブーになっていたのである。このA氏の素朴な疑問をきっかけに、事務局がA氏を個別支援することで、その承認プロセスの緩和が実現した。

当事者だけでは、それまでの経緯や個別事情があって、かんたんには解決できないと思い込んでいる問題が多々ある。事務局は、社内の人間でありながら、第三者の視点、全体を俯瞰できる立場に立っている。各部長の組織マネジメントの手かせ・足かせになっていることがあれば、積極的に部内の議論に参加して、一歩踏み込んだ具体的な支援をしていこう。さらに、役員・本部長クラスや他部門・他部署にも、思い切って変えることを働きかけるのである。そうした動きが社内で話題となり、事務局への信頼、組織開発プロジェクトへの期待やコミットメントを高めていくことになるだろう。

第1章

組織コンサルタントとの対話

事務局は
まず何をすべきか

第2章

社長との対話

経営トップは
どうすれば本気になるか

第3章

役員との対話

変革の機運は
どうやってつくるか

第4章

部長との対話

現場のアクションに
いかにつなげるか

第5章

自分との対話

組織開発は
どうすれば自走するか

1

組織を刺激しつづける——人間は弱い生き物

井口　中計の対外発表は無事に終わりました。今回の中計には、事業戦略や数値目標だけでなく、組織マネジメントの具体的な取り組みも、かなり盛り込むことができました。社内でも、「これまでとは、ひと味ちがう」「現場のことも、よく考えてくれた」と評判は上々で、かなりの手ごたえを感じました。ウチらしい組織文化を作ることが、ウチの強み、事業の競争力になる。そう確信を持って言えるのは、組織開発のプロジェクトに夢中で取り組んできたからだと思います。

ところで、今日はご相談があります。我々の組織開発プロジェクトですが、どこで終わりにすべきか、実は迷っているんです。

加藤　中計の策定、お疲れさまでした。私も拝読しました。これからは、戦略と組織の両輪で事業を動かしていく、そういう力強いメッセージが伝わってきましたよ。それで、プロジェクトの終了時期についてのご相談ですが、「会社が存続しているかぎり、組織開発に終わりはない」と、私は思います。私は池波正太郎の『鬼平犯科帳』が好きで、けっこう影響を受けたりしているんですが……人間というのは、きれいごとだけでは動かず、ついつい怠け癖が出たり、放っておくと低位安定になったりする生き物だと思うんです。だからこそ、組織のなかに染みこんでしまった暗黙の前提を揺さぶり、刺激しつづける必要があるんです。つまり「このままでいいのか?」と繰り返し問いつづけることです。「自分たちが変える、変えられる」という組織の可能性を叫びつづける。その行為に終わりはないですね。

「性弱説」に立つ

事務局のリーダーの井口が、組織コンサルタントの加藤と初めて対話したのは、中計発表の一年前だった。その際、中計の策定と同期するかたちで、組織開発のプロジェクトを立ち上げようと目論んだ。うまくいけば、中計が発表されるころには、組織開発が社内全体でかなり浸透しているはずだと考えたのである。各部門のタテ・ヨコ・ナナメで、新しいビジネス・プロセスが試行錯誤されているといった状況である。では、中計の発表をもって組織開発のプロジェクトは完了するのだろうか。

組織開発とは、組織を刺激しつづけることである。したがって、組織開発には終わりがない。戦略論の世界では、その成果を、売上高や営業利益で確認できる。しかし、組織論の世界では、成果を数値ですぐに確認できない。従業員の意識調査に反映されるには一定の時間を要するし、一時的に数値が良くなったとしても、一過性のものかもしれない。

組織課題に向きあう際には人間観が問われる。性善説に立つのか、性悪説に立つのか。私はコーチング育ちなので、当初は性善説に立ってコーチングをしていた。しかし、ある時点から、性善説でも性悪説でもなく、「性弱説」ではないかと思うようになった。「もちろん、人は善なる存在だが、弱い存在でもあり、つい怠けたり、悪いこともする」という人間観だ。

経営トップをはじめ、あらゆる組織人は弱い存在である。わかりやすく言えば、はじめは刺激的に思えた「対話」にも、やがて慣れてしまう。この慣れが恐ろしい。あっというまにルーティン化して、形骸化してしまうのだ。

すると、またしても、本音の対話から建前の議論に逆戻りしてしまう。そうなれば、これまで積み上げてきた組織変革の機運がまたたくまに消えてしまうだろう。手を変え、品を変え、タイミングを計りながら、適度に組織を刺激しつづける必要があるのだ。

今回のような中計と同期したプロジェクトの場合、発表を終えると、事務局のメンバーは気が抜けてしまうことも多い。しかし、ここは組織開発をさらに全社的に展開する好機だといえよう。何といっても「今回の中計は、社内の評判がいい」からだ。ここで事務局が、そして経営陣がどう動くかに、組織の誰もが注目していることを強く意識する必要がある。

人事を断行する

象徴的なアクションとなるのは、やはり経営トップによる人事の断行だ。組織開発のプロジェクトを実践していくと、さまざまな組織のしがらみや個別の事情に直面する。そうした組織の弊害を生み出すものこそ、人の配置といっていいだろう。

第3章の「エレファント・イン・ザ・ルーム」の事例で紹介した役員のように（143頁）、もし、特定の人間の存在が組織の弊害を生み、それが悪循環となっているような構造が確認できたなら、トップの力を使ってでも断ち切る必要がある。もし、新しい価値観への適応ができない組織なら、その長を入れ替える。そうすることで、組織の手かせ足かせとなっている悪弊・習慣を否定し、新しい環境への適応が必要であることを明示するのだ。

とはいえ、適応できないからといって、当の本人に悪気があるわけではない。組織のために良かれと思って抵抗しているケースもあるのだ。自分の信念に基づいて、変化に抵抗しているのである。

これは実際にあった例だが、経営トップが、上位下達の文化を変えるために、まず人事部門の改革に乗り出した。人事部門は制度で組織を管理する発想が強かったからだ。しかし、人事責任者は、従業員のために、安易に人事制度を変えるべきではないという強い信念を持っていた。

トップが替わるたびに戦略や方針は変わるが、人事制度はその影響を受けてはいけないという考えだった。

それはキャリア官僚が、たとえ大臣がころころ替わっても、国を支えているのは自分たちだという自負心から、大臣の所信を骨抜きにしてしまうのと似ている。個人的には、とても誠実で尊敬に値する人物だったが、外部環境の変化を考えれば、やはりその人の信念・価値観は、いまの組織の足かせになってしまうと思えた。

私は、その人事責任者と何度も話し合ったが、こうなると、もはや信念レベルの対立となる。こういう場合、事務局は思い切ってトップに進言し、判断を仰がなければならない。この例では、最終的に、トップは人事断行を決意した。そのときトップは、「泣いて馬謖《ばしょく》を斬る」心境だったと述懐した。しかし、人事断行によって、これからは従来のやり方が通用しないことをはっきり明示する必要があったのだ。

組織開発において、人事は、経営からの最大のメッセージだ。しかし、これは、従来の個別人事とはまったく異なる。一定期間の組織開発プロセスを経たうえでの人事断行である。納得感のある人事として受け止めてもらえるはずだ。

また、人事断行とは、人材登用の機会でもある。事務局は、組織開発の実践プロセスを通じて、人を動かし、束ねる力を持つ部長や課長に出会うことになるだろう。どんな組織にも、一定の割合でそうした人材が必ず存在する。すでに経営陣や人事部に認知されている人材もあれば、そうでない人材もいる。特に、これまでスポットライトがあたらなかったような人材を積極的に登用したいものだ。

特定の人が長期間にわたって組織の長を務めてきた場合、その部門における優秀な人材の定義が偏っていて、すぐれた人材が埋もれているケースも多く見受けられる。組織開発は人材発掘でもある。この点で、組織開発は人材開発に接続できるのである。

祝福する

事務局は、一年にわたって各部門・部署の取り組みに立ち会ってきた。せっかくトップから始めた全社的な組織開発である。これまでの取り組みをストーリー形式で冊子や動画にまとめることをお勧めする。ただし、成功事例を現場の人たちにインタビューしたいと事務局が言うと、かえって現場が萎縮することもある。すなわち、

「いい気になっていると誤解されたくない」

「期待値がさらに上がっても困る」

「具体的な数字の成果が上がっているわけでもない」

といった思いだ。こうした懸念が、事例の共有を躊躇させてしまうのである。それを避けるためには、

「こんな取り組みをしたら、こんな失敗をして、こんなことがわかった」

というエピソードを集めるのである。「失敗から学ぶ」ということだ。そこで、自社ならでは

の典型的な失敗事例を集めることができれば、自然と成功事例も引き出すことができ、それらは笑いとともに、自分たちの文化の一部として受け入れられることだろう。

事務局は、こうして集めたエピソードを編集し、最も共感をよぶ事例に対しては、社長賞として、金一封（組織開発アワード）を出すとよい。社内イベントの場で、全員の前で祝福するのだ。

たとえば、ある保険会社では、事務局が、コールセンター部門の取り組みを映像化し、社長賞の贈呈式の際に披露していた。その映像は評判をよび、組織文化の象徴事例として、新入社員研修でも流されるようになったそうだ。

あるいは、こんな事例もある。

目標必達の文化が根強いことで有名な、ある通信インフラ会社の話だ。

ある部署で、午後八時には退社するよう強制した。ところが、ある課では、課長以下の全員が近くのカフェに集まって残業していた。残業時間が制限されても、要求される数字は高くなる一方だったからだ。そんなとき、近くを通りかかった部長が偶然、カフェ残業を目撃した。部長は、叱責することなく、それをきっかけにして、仕事量とプロセスの両面について、部全体で見直すことにした。組織文化の強みと弱みは、表裏一体だといえよう。

2 感情をマネジメントする――相反するものを取り入れる

井口　組織開発に終わりなし……ですか。確かにそうですよね。いま言われて、ハッとしました。なんとか中計を終えることができたので、油断していたようです。ここ三～四カ月は、部長支援ワークショップ後のフォローと、中計の策定に追われていたので、経営フォーラムとか、外部取材とかの広報活動を疎かにしてました。ここで初心に戻って、引きつづき社長メッセージの発信にも力を入れていきたいと思います。

加藤　性弱説に立つと、何が見えてくるか。組織開発をつづけるうえで重要なのは、まさに、いまおっしゃった「初心にかえる」ことなんです。ワークショップをやったり、現場まわりをしていると、目の前のことだけに集中してしまい、つい本来の目的を忘れてしまいがちです。いい機会なので、ここで初心にかえるというのは、どうでしょう。そもそも組織開発とは何なのか。この一年を振り返ってみませんか。

組織開発とは、結果のマネジメントではなく、プロセスのマネジメントである。プロセスをマネジメントするからには、人の感情に触れざるをえない。人は、論理や合理性だけで行動しているわけではないからだ。

組織課題に正面から向きあうと、変化に対する抵抗が必ず出てくる。その抵抗の根底には、これまでの価値観や信念を失うことへの恐れや不安がある。つまり組織開発とは、感情のマネジメントと言い換えてもいい。経営者にとっては、「感情の経営」とも言えるだろう。

かつて、ある経営者から、こう言われたことがある。

「個人の感情なんて、どうでもいい。結果がすべてだ」

また、制度人事を重視する人事部長は、「感情に直接触れるのはまずい」という反応を示した。だが、よく考えていただきたい。多くの経営者やマネジャー自身が、日頃から、「やる気を持て」「士気を高めろ」と言っているではないか。「やる気」も「士気」も、立派な感情である。

感情だから、上がることもあれば下がることもあるだろう。ポジティブな感情だけを扱って、ネガティブな感情を扱わないというのは奇妙な話だ。両方の感情を扱ってこそ、組織の健全性は保たれる。たとえ、ネガティブな感情を封じ込めようとしても、どこかで必ず形を変えて噴出してくるのだ。

私のこれまでの経験から言って、実行力の高い組織は、感情の強い組織だと断言できる。感情の強い組織の極端な例のひとつは、十六世紀に成立した宗教結社のイエズス会だろう。確固たる宗教的な使命感がなければ、未開の地に足を踏み入れて布教することなどできない。合理的な損得だけでなく、同志的に結合している組織は強いのだ。

とはいえ、実行力が高いからといって、従業員の意識調査のすべての項目で、高い数値を示すとは限らない。むしろ、日々ストレッチをさせられているので、実は「ちょっと、しんどい」という本音も表れる。しんどいけれど、やりがいがある。従業員の満足度とは、楽な会社かどうかではなく、責任感を伴う達成感を得られる組織かどうかである。

一部の経営者は、従業員の満足度を上げることは、従業員を甘やかすことだと誤解している。労働組合対策との混同である。アメかムチかの二元論ではなく、停滞している組織の感情を刺激する必要があるのだ。鍋の火加減を調整するように、組織感情の微妙なバランスをとることこそ、組織開発の長期的な目標であるといえよう。

個を活かす

最近、個に注目したマネジメントが必要だという声をよく耳にする。日本の組織は、これまで同質的な集団であった。だが、これからは、それではうまくいきそうにない。同質的な集団というのは、みんな同じであるという共感をベースにした集団である。そのため、メンバーは義理と人情の板挟みにあい、ジレンマを感じることもある。

ある大手不動産開発会社の事例を紹介しよう。

その会社は、「目標必達」の組織文化と、カリスマ経営者による決断力の相乗効果で、最高益を更新しつづけていた。しかし、組織の活性度や健全性は芳しくなく、脱落していく人材が目立つようになっていた。

部長支援ワークショップをおこなったあとで、各営業拠点の取り組みを見ていても、なかなか具体的な進捗がない。足元の数字ばかりを追いかけ、タスク・マネジメントだけをしていると組織は疲弊していく。拠点長（部長）は、それを頭では理解していても、変えることができなかったのである。

そこには根深い「適応課題」があった。人は、数字を上げるからこそ成長できる。成長するからこそ数字を上げることができる。この好循環が、その会社における組織や人に対するマネジメントの根幹だったのである。それを変えてしまっていいものか？　変えたとたんに数字が上がらなくなるのではないか？　そんな不安を、どの拠点長も抱えていたのだ。

ある拠点長が、個別インタビューで、こう語ってくれた。

「数字以外で、人を動かす方法を知らないんです。方法というよりは、そもそも語る言葉をもっていないんです」

その切実な表情を、私はいまでも鮮明に覚えている。そこで、こうたずねた。

「数字の達成以外に、仕事のやりがいを感じる道はないのでしょうか？」

こんなやりとりを繰り返しているうちに、いっしょにインタビューに参加していた事務局のひとりが口を開いた。

「私は、営業ではなくて設計出身ですが、モノづくりの観点から見ると、物件を完成したときの喜びって、ありませんかね？」

この一言が、拠点長を大きく揺さぶった。

「いまのいままで、それを忘れていました。物件が完成して納入できたときの感動。完工式で、オーナーといっしょに味わう感動が、私たち営業の仕事の原点ですね。最近、高い数字に追われて、拠点で感動を共有することを忘れていました。特に、若い部下たちに達成感を味わわせていなかった。それどころか、〈なぜ、できないんだ〉〈どうして、できないんだ〉と叱責するばかりで……若い連中の一人ひとりに、入社したときの動機を聞くことから始めてみますよ」

個に注目するとは、どういうことか。

個人の事情に配慮するというレベルの話なのか。そうではなくて、誰もが同じ気持ちのはずだという同質性の前提（思い込み）をいったん外して、個人の感情の違いに目を向けることだ。すなわち、感情の違いを生み出しているお互いの価値観や信念の違いを認めることではないだろうか。日本のみならず、多くの先進諸国では、「働きがいとは何か」「働く意味とは何か」といった本質的なテーマが問いなおされている。
Life for Work（仕事のための人生）なのか。
Work for Life（人生のための仕事）なのか。
仕事を通じて、自己成長できるのか。
自分らしく生きるとは、どういうことなのか。

これらは、世代間で、個々人のスタンスが大きく異なる。すなわち、組織マネジメントの前提が大きく揺れているのだ。たとえ同じものを見ていたとしても解釈が違う。解釈が違うからこそ感情も違うのである。

そのためには、わかったつもりにならず、お互いの背景や前提を探りあう対話が必要だ。お互いの感情を理解したうえで、共通目的を握りなおす。その繰り返しが、共同体としての組織に対する信頼と安心感を育てる。さらに、それらが土台となって、新たな工夫や挑戦が生まれやすくなり、組織が活性化していくのだ。これこそ、対話による組織開発だといえよう。この点で、私が目指すのは「個を活かす組織開発」なのである。

3 組織開発部を立ち上げる――両利きの人材へ

井口　組織開発は「感情のマネジメントだ」と言われると、しっくりきますね。一年を振り返ってみると、メインイベントは、やはり社長との対話、役員合宿、そして部長支援ワークショップでした。

　この三つの共通点は、言うまでもなく「対話」です。じゃあ、いったい何を対話してきたのかというと、自分と相手の感情について対話してきたんだと言えますね。感情にフォーカスしてきたからこそ、嫌味を言われたり、無視されたりもする。

　その一方で、いままで聞くことのできなかった本音が聞けたりもする。まあ、感情を相手にするので、これまでの研修やワークショップとは比べものにならないくらい、心底、身も心も疲れるんですが……でも、それが気にならないくらい、やりがいも充実感もある。これが不思議ですよね。

加藤　多忙感が、疲弊感ではなく、やりがいになるんですね。どこかで聞いたフレーズだ（笑）。まさに、組織開発の効果が出ているようです。
さて、契約期間の一年が終わったということは、ここでいったん私もお役御免となります。最後に、ぜひ、みなさんに聞いておきたいことがあります。これから、どうしたいですか？

井口　実は先日、社長にプロジェクトのクロージングを提案したのですが、社長から、この活動は継続しようと言われました。すぐに成果が出るものでもないし、あと戻りしてしまう恐れもあると言うんです。

加藤　なるほど……そうでしたか。さすが社長。会社の文化をよくご存じですね。で、どうしますか？　いや、どうしたいんですか？

井口　メンバー全員で議論したんですが、ここは一気に、組織開発部を立ち上げようかと思っているんです。加藤さんがよく話されていた、欧米企業のビジネス・パートナーのような、組織開発専門の社内コンサルタント集団を目指そうかと。

ビジネス・パートナーを活用する

業界を越えて、さまざまな組織に出入りしていると、ひとつの共通点を感じる。それは、組織のどこかに、断層のような亀裂が存在するということだ。その断層とは、働く価値観・就業観レベルでの対立である。

これは私の肌感覚だが、二〇〇〇年前後に入社した世代（入社して約二十年、年齢が四十歳前後）に、ひとつ断層がある。もうひとつは、二〇一一年前後に入社した世代（入社して約五年、年齢が二十八歳前後）に、大きな価値観の違いを感じる。今後の人員構成の変化を念頭に置けば、これからの経営者や事業責任者は、従来のように戦略を策定し、ＰＤＣＡを回しているだけでは、組織を束ねることがより難しくなっていくだろう。

そこで、経営者や事業責任者の右腕となって、人と組織の両面を支える機能が不可欠となってくる。それが、「ビジネス・パートナー」だ。ビジネス・パートナー（ＢＰ）とは、欧米系の会社によく見られる仕組みで、戦略人事を実現するポジションと言われている。これまでの、制度による人事管理や労務中心の人事と異なり、事業の実態を理解し、人・組織の観点から、経営者・事業責任者に積極的に助言する役割を担う。また、具体的に組織のメンバーにも働きかけていく存在である。「事業」と「組織」の両方に対して深い理解がある、まさに両利きの人材と言えよう。

現在でも、本社の人事部だけでなく、各事業部門にも人事担当者が配置されている会社もあるだろう。しかし、そうした人事担当者とＢＰとの違いは、事業責任者（カンパニー・プレジデント、部門長）と同じ視点で議論できるかどうかだ。そのためには、人事の経験だけでなく、事業経験の有無が肝となる。事業責任者の想いを理解し、事業責任者の意志を背景にして現場に入っていく。さらに、現場では、メンバーの想いを受けとめ、事業責任者に率直なフィードバックや助言をおこなう。

ＢＰの総元締めである組織開発部は、各部門に配置されるＢＰが所属する部である。そこには、各部門の最新情報と個人の経験知が蓄積され、必要に応じて、経営トップに助言する役割がある。組織開発部を経営企画部と同様にＣＥＯ直結にするケースもあれば、人材育成との連携を重視して人事部門内に設置するケースもあるようだ。

ビジネス・パートナーを育成する

組織開発部を立ち上げるにあたって「どのような人材がＢＰに向いているのか」と質問を受けることがよくある。まずは、一定の事業経験があることが必須だ。人事の専門である必要はないが、人に関心があることは外せない条件である。

三十代後半以上の中堅（課長クラス）が有望だろうが、実は五十代後半の役職定年を迎えたような人のなかに、ＢＰ向きの人材がいるように思う。私は、さまざまな会社のプロジェクトに関わってきたが、そのとき、五十代後半の工場長経験者や現地法人の社長経験者、元研究所長の方々に、ずいぶんと助けてもらった。事業責任者の人たちも、そのような人材のほうが素直に相談しやすいようだ。

では、BPに求められるスキルとは何か。

ひと言でいえば、「フィールドワークする力」だ。現場に入って行き、現場の人の話を聞き、現場の人の言葉で、その組織のなかで何が起こっているのかを理解する。いわば文化人類学者がフィールドワークするようなものだ。そうしたフィールドワークは、エスノグラフィーと呼ばれ、それをする人をエスノグラファーと呼ぶ。

最近ではマーケティングの分野でも、エスノグラファーが注目されている。優れたマーケッターとなるには、売り手の視点で消費者を捉えるのではなく、消費者の言葉で、消費者の購買ストーリーを理解する必要がある。そのためには、マーケッターは、エスノグラファーであることが求められる。

組織開発も同じだ。あるときは、経営者や事業者と同じ視点に立つ。あるときは、現場の営業マンと同じ車に乗って、その人と同じ立場で、その役割に伴う喜びや痛みを共有できなければならない。それは「コーチングにおける質問力を鍛えればよい」という表面的なスキルレベルの話ではない。スキルを超えた、メタスキルの部分が重要になってくる。思考に柔軟性があり、好奇心旺盛な人が、BPに向いているように思う。

では、どうすれば、そのようなスキルを身につけることができるのか。

私自身の歩みを振り返ることで、参考になれば幸いである。

私は、もとは銀行出身の人間である。はじめは経理部に配属され、海外留学の機会を得た。帰国してからは、証券化ビジネスを立ち上げた。その後、金融の世界に疑問を感じて、環境教育NPOに転身。しかし、多額の借金を抱えて、浪人生活を余儀なくされた。そのときにコーチングに出会い、二〇〇〇〜二〇〇七年までコーチングの普及に取り組んだ。

まず、「一対一」で個人に向きあう訓練を積み重ねたことが、その後の大きな資産となった。それは、問題解決ではなく、問題だと言っている人の言葉、その背後にある欲求に耳を傾ける訓練だった。組織開発に従事しようとする人は、「一対N」のファシリテーションから入りがちだが、個人的には「一対一」の「筋トレ」を先にすることをお勧めしたい。

私の場合は、コーチングの認定資格を取得してから、米国で集中合宿型の人間関係トレーニングを受けるなかで、「場のファシリテーション」の力をつけた。こうした体験知に加え、二〇〇七年ころに、社会構成主義やナラティブ・アプローチといった理論的な枠組みに出会ったことで、それまでの体験知を実践知化できたように思う。

組織開発に興味がある方には、最新手法の研究も大切だが、「言葉が世界を作る」(Words Create Worlds：その人の使う言葉が、その人の世界観を作りだしている)という世界観、「事実とは、ひとつではなく、人間同士のやりとりから構成される」という認識論を根底に持っておくと、実践で迷ったときの指針となるに違いない。

また、人間の行動特性や動機を理解するには、アセスメント・ツールに触れるとよいだろう。アセスメント・ツールには、「D・i S C」「M B T I」「ストレングス・ファインダー」「エニアグラム」「EQテスト」といった初心者向けのものから、経営人材を選抜するために開発されたプロ向きのものまで、さまざまである。

初心者向けのものでかまわないので、人を観察する座標軸をもつことが大切だ。そこで注意したいのは、「一対一」で個人に向きあう一定の経験をしたあとで、アセスメント・ツールを学ぶことだ。人に向きあう経験をしないで、最初からアセスメント・ツールだけを学ぶと、単に人をタイプ分けしたり、ラベリングしてしまいがちなので注意したい。

さらに、身体感覚を磨くことも有効だ。私の場合は、二十代に古神道や修験道の修行をしたり、また三十代後半からは合気道と、鹿島神流剣術による鍛錬を続けてきた。これらは場を感じる力を高め、個人セッション、場のファシリテーションをする際に、とても役立っている。自分の中心軸を再認識したり、相手のシグナルを感じる力を鍛えているのだと思う。また、即興劇（インプロ）も、瞬発力を鍛えるうえで、とてもよい訓練になるだろう。ちなみに私のコーチングの米国人師匠は、瞑想を日々の生活に取り入れている。自分の内面を深く見つめる訓練になるそうだ。

整理すると、次のようになる。

●「一対一」で、個人に向きあう「筋トレ」をおこなう――コーチング、カウンセリング
●「一対N」で、多数の人や場をホールドする「筋トレ」をおこなう――ファシリテーション
●学術的な理論を学ぶ
●人の行動特性・動機を理解する座標軸をもつ
●身体感覚を磨く
●現場の場数を踏む

いま、同質性を前提とした日本企業の組織マネジメントが揺れはじめている。人員構成が大きく変化するなかで、同じ会社のなかでも、さまざまな価値観や信念、ライフスタイルが併存する形になっていくだろう。世代間における価値観レベルでの深い対立は、組織のあきらめ感や、しらけ感となって、コンプライアンス上の不正の温床にもなりかねない。

同じ会社の人と組織を、どうやって束ねていくのか？
独自の戦略を実行できる人と組織を、どうやって作っていくのか？

そのためには、これまでのやり方、すなわち、

「責任と役割に基づく機能論（あるべき論）」
「人事制度による管理」
「キーパーソンの個別人事による活性化」

だけでは、難しくなってきているのではないか。企業内研修でカバーできる領域は、そもそも限られている。人や組織の視点で事業のど真ん中に入っていくＢＰ、事業責任者の右腕を担えるようなＢＰが、いまこそ求められているのである。

謝辞

多くの方々のご支援があって、組織開発の実践知をこうして一冊にまとめることができました。まず、これまで私を組織開発のプロジェクトに招いてくださったクライアント企業の経営者、事務局のみなさまに心から感謝申し上げます。守秘義務があり、個別名を出して謝辞を述べることはかないませんが、各現場でともに体験させていただいたことが、私の活動の心柱であり、実践知の根幹となっています。とりわけ、推薦の言葉を寄せてくださったＡＧＣ旭硝子の島村琢哉ＣＥＯ、宮地伸二常務からは、プロジェクトをご一緒するなかで多くの示唆をいただきました。

また、日本における組織開発研究の第一人者である、南山大学の中村和彦教授からも推薦の言葉をいただき、とても光栄です。中村教授の研究は実践家にとって、経験の体系化だけでなく、未知の世界を歩くための確かな地図となっています。

十七年にわたる試行錯誤の軌跡を公開することに戸惑いもありましたが、三月末に実父を緩和ケア病棟で看取る経験をしたことが契機となり、執筆を決意しました。この決意のあとに、英治出版とのご縁をつないでくださったのが、日本を代表するベンチャー・キャピタリストである古我知史さんです。また、エグゼクティブ・コーチの上田純子さんには、経営者の心情についての貴重な示唆をいただき、対話のパートナーとしても執筆を応援していただきました。お二人の支援なくして、長年の想いを形にすることはできなかったと思います。ありがとうございます。

そして、私の想いに共鳴し、出版にいたるまで温かく支援してくださったのが英治出版のみなさんです。特にプロデューサーの山下智也さんは、妥協のない姿勢で、私の体験知について問いつづけてくれました。改めて感謝の意をお伝えしたいと思います。

本書を書き終えて、組織マネジメントについて、私なりにたどりついた結論があります。機能体としての「効率性」を中心とする円と、共同体としての「信頼」を中心とする円。この相反するふたつの円を、バランスの取れた美しい楕円形で包含すること。これこそが、組織マネジメントの本質ではないかと思うのです。矛盾を包み込む力を持つ「楕円の思想」に、今後の活動における可能性と希望を感じています。

二〇一七年十月二六日

父の月命日に、港の見える丘公園にて

11. エリン・メイヤー著『異文化理解力——相手と自分の真意がわかる ビジネスパーソン必須の教養』(田岡恵監訳、樋口武志訳、英治出版、2015年)

12. 原田勉著『イノベーションを巻き起こす「ダイナミック組織」戦略』(日本実業出版社、2016年)

13. 伊丹敬之著『よき経営者の姿』(日本経済新聞出版社、2013年)

14. 伊丹敬之著『経営の力学——決断のための実感経営論』(東洋経済新報社、2008年)

15. 三枝匡著『ザ・会社改造——340人からグローバル1万人企業へ』(日本経済新聞出版社、2016年)

16. 山本七平著『「空気」の研究』(文藝春秋、1983年)

17. 中村和彦著『入門　組織開発——活き活きと働ける職場をつくる』(光文社、2015年)

18. 池波正太郎著『決定版 鬼平犯科帳 (1)』(文藝春秋、2016年)

19. Donald L. Anderson, *Organization Development: The Process of Leading Organizational Change* (SAGE Publications, 2017, 4th Edition)

参考文献

1. 野口裕二著『物語としてのケア──ナラティヴ・アプローチの世界へ』（医学書院、2002年）

2. 野口裕二編『ナラティヴ・アプローチ』（勁草書房、2009年）

3. ケネス・J・ガーゲン著『あなたへの社会構成主義』（東村知子訳、ナカニシヤ出版、2004年）

4. 小田博志著『エスノグラフィー入門──〈現場〉を質的研究する』（春秋社、2010年）

5. サイモン・シネック著『WHYから始めよ！──インスパイア型リーダーはここが違う』（栗木さつき訳、日本経済新聞出版社、2012年）

6. ロバート・キーガン、リサ・ラスコウ・レイヒー著『なぜ人と組織は変われないのか──ハーバード流 自己変革の理論と実践』（池村千秋訳、英治出版、2013年）

7. ロナルド・A・ハイフェッツ、マーティ・リンスキー、アレクサンダー・グラショウ著『最難関のリーダーシップ──変革をやり遂げる意志とスキル』（水上雅人訳、英治出版、2017年）

8. エドガー・H・シャイン著『謙虚なコンサルティング──クライアントにとって「本当の支援」とは何か』（金井壽宏監訳、野津智子訳、英治出版、2017年）

9. エドガー・H・シャイン著『人を助けるとはどういうことか──本当の「協力関係」をつくる7つの原則』（金井壽宏監訳、金井真弓訳、英治出版、2009年）

10. エドガー・H・シャイン著『プロセス・コンサルテーション──援助関係を築くこと』（稲葉元吉、尾川丈一訳、白桃書房、2012年）

加藤雅則（かとう・まさのり）

組織コンサルタント。1964年生まれ。名古屋市出身。慶應義塾大学経済学部卒業。カリフォルニア大学バークレー校経営学修士（MBA）。

日本興業銀行、環境教育NPO、金融庁検査官、事業投資育成会社を経て、米国2大コーチ養成機関であるCTI日本支部の設立に参加。日本におけるコーアクティブ・コーチングの普及に取り組んだ。現在はアクション・デザイン代表。著書に『自分を立てなおす対話』（日本経済新聞出版社）、『「自分ごと」だと人は育つ』（共著、日本経済新聞出版社）など。

2001年よりコーチング、ファシリテーション、コンサルテーション、ナラティブ・アプローチなどに基づく独自の対話手法を実践。これまで支援してきた企業は東証一部上場企業を中心に、中堅企業、オーナー企業、外資系企業など多岐にわたる。

英治出版からのお知らせ

本書に関するご意見・ご感想を E-mail（editor@eijipress.co.jp）で受け付けています。また、英治出版ではメールマガジン、ブログ、ツイッターなどで新刊情報やイベント情報を配信しております。ぜひ一度、アクセスしてみてください。

メールマガジン ：会員登録はホームページにて
ブログ ：www.eijipress.co.jp/blog
ツイッター ID ：@eijipress
フェイスブック ：www.facebook.com/eijipress

組織は変われるか　経営トップから始まる「組織開発」

発行日　2017 年 12 月 13 日　第 1 版　第 1 刷

著者　加藤雅則

発行人　原田英治

発行　英治出版株式会社
〒150-0022 東京都渋谷区恵比寿南 1-9-12 ピトレスクビル 4F
電話　03-5773-0193　FAX　03-5773-0194
http://www.eijipress.co.jp/

プロデューサー　山下智也

スタッフ　原田涼子　高野達成　藤竹賢一郎　鈴木美穂　下田理
田中三枝　安村侑希子　平野貴裕　上村悠也　山本有子
渡邉吏佐子　中西さおり　瀬頭絵真　関紀子

印刷・製本　中央精版印刷株式会社

校正　小林伸子

編集協力　和田文夫（ガイア・オペレーションズ）

Copyright © 2017 Action Design Inc.

ISBN978-4-86276-253-5　C0034　Printed in Japan

本書の無断複写（コピー）は、著作権法上の例外を除き、著作権侵害となります。
乱丁・落丁本は着払いにてお送りください。お取り替えいたします。

最難関のリーダーシップ　変革をやり遂げる意志とスキル

ロナルド・A・ハイフェッツ、マーティ・リンスキー、アレクサンダー・グラショウ 著
水上雅人訳　本体 2,400 円

これまでの経験や技術では通用しない「適応課題」は、どうすれば解決できるか？　ハーバード・ケネディスクールの名物教授ハイフェッツが、35 年にわたる研究と実践の成果を全公開。

なぜ人と組織は変われないのか　ハーバード流 自己変革の理論と実践

ロバート・キーガン、リサ・ラスコウ・レイヒー著　池村千秋訳　本体 2,500 円

変わる必要性を認識していても 85％の人が行動すら起こさない――？「変わりたくても変われない」という心理的なジレンマの深層を掘り起こす「免疫マップ」を使った、個人と組織の変革手法をわかりやすく解説。

ダイアローグ　対立から共生へ、議論から対話へ

デヴィッド・ボーム著　金井真弓訳　本体 1,600 円

創造的なコミュニケーションはどうすれば可能なのか。「目的を持たずに話す」「一切の前提を排除する」など実践的なガイドを織り交ぜながら、チームや組織、家庭や国家など、あらゆる共同体を協調に導く、「対話（ダイアローグ）」の技法を解き明かす。

人を助けるとはどういうことか　本当の「協力関係」をつくる7つの原則

エドガー・H・シャイン著　金井壽宏監訳　金井真弓訳　本体 1,900 円＋税

どうすれば本当の意味で人の役に立てるのか？　職場でも家庭でも、善意の行動が望ましくない結果を生むことがある。「押し付け」ではない真の「支援」をするには何が必要なのか。組織心理学の大家が、身近な事例をあげながら「協力関係」の原則をわかりやすく提示。

「学習する組織」入門　自分・チーム・会社が変わる 持続的成長の技術と実践

小田理一郎著　本体 1,900 円＋税

変化への適応力をもち、常に進化し続けるには、高度な「学習能力」を身につけなければならない。「人と組織」のあらゆる課題に奥深い洞察をもたらす組織開発メソッド「学習する組織」の要諦を、ストーリーと演習を交えてわかりやすく解説する。